誇り高き賢人たち

もう一つの日米関係史

志村 和次郎

大学教育出版

はじめに

日本はすでに西暦六四五年には大化元年と定め、最初の元号が誕生し、古代統一国家を形成した。また、七世紀後半から八世紀初頭頃に対外的な国号を「倭国」から「日本」へ改めている。以来一二〇〇年を超える歴史をもつ。一方アメリカは一八世紀後半に独立をとげた若い国である。しかし近代国家としての経歴でいえば、立場は逆転する。ピューリタンによって建国以来、近代民主主義が先行したアメリカ合衆国は逆に、一八五四（嘉永七）年にペリー提督の艦隊が来航し、日本との間で神奈川条約（日米和親条約）を結ぶ。そして一八五八（安政五）年にはアメリカ総領事のタウンゼント・ハリスの尽力により日米修好通商条約が締結された。こうして日本の鎖国は終わり、日本が開国後初めて海外に使節団を派遣したのは、隣国アジアでもヨーロッパ諸国でもなく、一八六〇（万延元）年、アメリカ・ワシントンへ条約批准書を交換するためであった。こうして日本は二百余年にわたる西洋に対する遅れを一気に取り戻そうと、明治維新期、急速な改革に乗り出すのである。

一方、アメリカにとって、イギリスや他のヨーロッパ諸国と違って、日本との間は言語、宗教、人種、道徳、倫理のどれをとっても共通点はなかった。

こうした差異があってもアメリカは近代民主主義の導入をはじめ、人的、物的支援を惜しまず、日本近代化推進の良きモデルになったのである。

そして、欧米が日本に与えた教訓の一つは、列強に支配されている世界で生き延びるには、日本が自ら軍事力を高めなければならないということであった。後進国を震撼させた欧米の帝国主義、植民地政策の中に、明治維新後、近代世界の中に遅れて登場し、真似したにすぎないのである。列強への対抗と資本主義の同化という相異なる座標軸を相互に関連させながら、全体としては軍事力を強化し、西洋化を駆け足で進めてきたのである。

このような時代背景から日本のナショナリズムは植民地化の可能性に対する予防措置として成立し、西洋列強とアジアの植民地化の間で、いかに日本の独立と独自性のある資本主義を発達させるかが課題となったのである。アメリカとの関係でいえば、両国はお互いに貿易でも補完関係で、やがて通商面で深い関係を築く。特に日本はアメリカに石油の大半を依存し、友好と協力の関係を育んできた。その間の人的交流をみても明らかである。

日露開戦当時、黄禍論が渦巻く中で、ロシアと戦うのは不利であり、これを打破する任を負ってアメリカの世論を親日に変えさせる工作をしたのが金子堅太郎である。金子はハーバード大学留学時の同窓で、アメリカ大統領であるセオドア・ルーズベルトに接触し、日露休戦、和解の仲介を依頼している。また、高峰譲吉らは、民間外交としてアメリカ世論に友好の運動を展開した。交戦持続能力に限界のあった日本にとってポーツマス和平会議がルーズベルトの仲介で開かれ、日露戦争は終結した。

ところが、日露戦争での日本の勝利が大きな転換点となった。日本の勝利が明らかになると、英米両国はロシアの勢力が満州から駆逐されたことから、かねてアメリカの主張していた満州における機会均等・門戸開放政策に対する、潜在的脅威として日本を考えるようになったからである。

福澤諭吉の「脱亜論」でも言っているように、清国も韓国も、主権国家としての責任能力が十分でなかったことは、この間の歴史の流れを見れば明らかである。したがって、日本と中国との全面戦争は避けられた可能性はあった。しかし、中国大陸をめぐる列強の利害の対立と後押しする各国の世論が複雑に絡み合って解決を遅らせたのである。歴史を反省の視点だけで見るのではなく、歴史の視野に入る事実を見過ごすべきではないだろう。

そしていったいなぜ、平和を名とする地球最大の海・太平洋を舞台に、日米が三年九カ月にわたる戦争をしなければならなかったか、それを想起すれば、誰もが両国は戦争せねばならないほどの事態に至ったのか、もう一度、問いたくなるのである。

戦時の大本営参謀であった瀬島龍三は、「太平洋戦争は自存自衛の受動戦争」であり、開戦の責任の一端は、そこまで追い込んだアメリカにあると言っている。この考えは、日本では徳富蘇峰ら有識者の大勢の考えである。そして、もし日本の大陸政策が有終の美を収め得るチャンスがあったとすれば、それは満洲事変から支那事変への移行を絶対に防止し、万やむを得ざる場合も、支那事変から大東亜戦争への発展を絶対に阻止すべきであったのである。一方、日本政府からすれば、普遍的な原則を掲げながら、パリ講和会議で日本が提案した人種平等の条項を退け、日本やアジアへの内在的理解をもたないウィルソン外交には抵抗があったのは事実である。

バルチック艦隊を壊滅させた日本海軍からフィリピンを防衛できるかという問題がアメリカ政府内で提起

され、その反日感情が日本人移民の排斥という形で現れた。そしてアメリカに生じた非白人国・日本に対する脅威感、中国への同情も重なり、日米関係は次第に緊張化する。このように日露戦争以降のアメリカは一方的に対日関係悪化の道を進んだように思えてならない。一方、両国の利害が激しく対立した不幸な時期となっても、日米両国政府の外交関係者はじめ、異文化間の壁を越えて生まれる個人と個人のつながりを頼り、信頼関係をつなぎとめようとする民間外交で努力をした人たちがいた。

戦前、日本社会にアメリカを紹介した民間人の多くは、青少年時代をアメリカで生活し、現地の教育を受けていた。幕末から明治初年に通詞（通訳）として日米交渉の場で活躍したジョン万次郎（中浜万次郎）、一八六四（元治元）年、函館を脱国して、アメリカへ渡り、初めてアメリカの大学、アーモスト大学を卒業し、帰国後、同志社を設立した新島襄がいた。

本書では太平洋戦争前、日米の葛藤が深まる中で、日米の懸け橋にならんとした両国の人物、八人を取り上げた。近代以降、密接な日米経済関係という舞台装置を作り上げ、国民外交に心血を注いだ近代日本資本主義の父・渋沢栄一、アドレナリンを発明し、世界的科学者として、日米を往来した高峰譲吉、同志社の教授であり、渋沢と親しく、『日米問題』を書いたシドニー・ギューリック、ジョーンズ・ホプキンス大学で学び、アメリカ研究の成果である『日米関係史』を書いた新渡戸稲造、宣教者であり、建築家・実業家で日本へ帰化したW・M・ヴォーリズ、親日家で、戦前最後の駐日大使のジョセフ・グルー、アメリカへ留学し、クリスチャンとしてアメリカへ実質上亡命し、戦後ICUの初代学長になった湯浅八郎、日本生まれで、ハーバード大学教授となり、戦後駐日米大使も務めたエドウィン・ライシャワー、以上の八人である。いずれも日米関係に大きな足跡を残し、二つの国を祖国と考えた人たちである。

本書は不幸な太平洋戦争に至る両国の複雑な政治・社会情勢のもとで、彼らは何を考え、どう行動したかという視点で、日米友好の絆に迫ってみようと思う。

経済人、学者、外交官、教育者、宗教家などで仕事や役割、活動した時期も異なるが、世界における日米両国の複雑な立場を感じ取り、両国の可能性と危険性に思い悩み、アメリカと日本の重要な仲介者の一人になりたいと願っていた。

そして日本を開国させ、帝国主義を教え、日本に近代文化を持ち込んだアメリカこそ、二〇世紀日本の運命を左右するかもしれないと思い、戦争以外の方法を強く望んだのである。

本書はアメリカへの留学経験、国際結婚、滞米、滞日経験、ビジネス交流などを異なった立場から、両国の平和を願った八人の人的交流と生き方を解明した。その意味で、本書は民間版、もう一つの日米関係史ともいえるだろう。

志村　和次郎

二〇一二年一〇月

誇り高き賢人たち
―もう一つの日米関係史―

目次

第九章　アメリカを慕ったリベラリスト・湯浅八郎……153

第一章　先進国をめざして近代化を急いだ日本

1

対外折衝と西洋文明の移入

資源の乏しい日本が近代化を進めるためには、世界平和と国際貿易環境の整備が欠かせない。明治の日本人はそのことを認識し、急速に先進国との接触を開始した。西欧諸国から最初に先進技術を導入し、洋式工業を創始したのは、幕府と雄藩、つまり先進的な藩の下級武士たちだった。洋書をたよりに、あるいは外人技師の指導のもとに、近代的な製鉄所や造船所などが建設された。しかし、この幕藩営工業にも本格的な事業展開には限界があったのである。製鉄技術の導入に見られるように、藩体制を超えて一部に技術的な交流はあったが、幕藩ごとの規模の小さな、分散的な政治体制は、合理的な技術導入や効率的な資源投入を妨げるものであったからである。また閉鎖的な身分制度も工業化を組織的に展開するには障害となった。このようなわけで、明治新政府になってはじめて、「殖産興業、富国強兵」のスローガンのもとに、維新政府の政治家、官僚が中心になって組織的に産業技術の発展の諸施策が推進されることになった。

一八七一（明治四）年、明治新政府は、日本が幕末に通商修好条約を締結した諸国を歴訪する大規模な使節団を派遣する。その目的は要約すると、①明治新政府を諸外国に承認させること、②不平等条約改正交渉の開始、③西欧文明および産業、教育事情の視察の三つであった。この使節団は岩倉具視を全権大使とし、副使として、木戸孝允、大久保利通、伊藤博文、山口尚芳の一行である。これに実務を担当する書記官、各省の専門調査理事官などで、総勢四八名。さらに六〇人近くの留学生が随行した。

確かにその当時、まだ新しい国をどう作るか、という青写真はなかったわけだから、欧米を中心とした当時の国際社会の有様を自分の目で見て、今後のことを考えようというのが、この使節団の目的であり、明治以降の近代日本の構築はこの岩倉使節団が魁となり、この構想によって作られたと考えてよいだろう。

岩倉使節団は欧米各国での産業視察ではイギリスで五三カ所の施設を視察し、アメリカの二〇カ所、フランスの一二カ所に比べて多く、最も重点をおいている。それは言うまでもなく、この国が産業革命発祥の国だったからである。一行は各地の工場で、工場経営のあり方、生産状況や機能、労働者の技術力、さらに賃金の実情などこと細かく調査した。

造船所、蒸気機関、製鉄所、羊毛紡織機、ゴム、ガラスの製造など機械による大量生産など当時の先端技術を視察する。副使、大久保利通は使節団の中でも特に産業視察に熱心で、イギリス各地の工場群で強烈な印象を受け、西郷隆盛や大山巌宛にあてた手紙でもイギリスの「富強をなす所以を知るに足るなり」と繰り返し述べている。

このように、岩倉使節団の産業視察は実際に、工場、機械の実態を見るだけでそれなりに役立ったが、実際は分業による全体の把握の難しさ、体系的、技術的説明を聞く時間的制約や理解力もあり、また、企業秘密の未公開のものもあり、十分理解できたとはいえなかったようである。しかし、使節団帰国後の明治政府の産業・貿易振興などに活かされることになり、欧米の実態把握の成果と影響は大きかったといえる。

さて、岩倉使節団の成果は、帰国後の木戸孝允、大久保利通、伊藤博文を中心とした薩長人脈による明治政府の諸政策に反映され、産業技術の移入、産業振興、教育制度の実施などに活かされ、大久保利通が推進役となって展開される。そして産業振興と技術の急速な発展を可能にするためには、産業発展の基盤となる諸条件、インフラ整備が欠かせないわけであるが、とりわけ技術者など人材養成が不可欠であった。そこで欧米先進国から教師やお雇い外国人を招き、新技術の導入と高等教育に着手した。

近代化推進に貢献したお雇い外国人

明治維新政府が成立すると、政府は積極的にアメリカ、ヨーロッパ諸国に働きかけて専門家を日本に招き、彼らの教えを受けて「近代化」を進めることになった。当時の近代化とは西洋化することを意味した。その結果、一八九八（明治三一）年くらいまでの間にイギリスから約六一〇〇人、アメリカから二八〇〇人、ドイツから九〇〇人、フランスから六二〇人、イタリアから四〇人の教師や技術者が来日した。アメリカよりイギリスの方が多いのは、アメリカの旧宗主国で技術、教育面で先行していたためである。

彼らは「お雇い外国人」と呼ばれ、開拓途上の北海道はもちろん、遷都で人口が減った京都の再興など全国各地のインフラ整備、産業振興に献身的に尽くした。それは単に物質的なものだけでなく、日本の政治・経済・産業・文化・芸術など多くの分野や日本人の精神文化に大きな影響を与えたのである。主にイギリスからは鉄道開発、電信、公共土木事業、建築、海軍制を、アメリカからは外交、学校制度、近代農場・牧畜、北海道開拓などを、ドイツからは医学、大学設立、法律など、フランスからは陸軍制、法律、織物を、イタリアからは絵画や彫刻といった芸術を学んだ。

また、この時期、東京・横浜・神戸などに設立された大使館に派遣された公使・大使・領事らの役人や、貿易のため自ら来日した商人、日本を海外に紹介するため取材に訪れたジャーナリスト、江戸時代のキリスト教禁止令の破棄を受けて来日した宣教師など外国人も少なくない。しかし、具体的に明治政府が動きだしたのは、岩倉使節団が帰朝した一八七三（明治六）年の末からである。

列強の帝国主義に仲間入り

近代民主主義が先行したアメリカは逆に、日本の鎖国を終わらせ、明治維新の日本近代化の推進役になった。そこで欧米が日本に与えた教訓の一つは、列強に支配されている世界で生き延びるには、日本が自ら軍事力を高めなければならないという教訓であった。帝国主義は日本だけが単独で採用したわけでなく、すでに存在した欧米諸国の帝国主義を真似したにすぎないのである。

一九世紀の末から、二〇世紀の初めにかけて、イギリスではN・チェンバレン（第六〇代イギリス首相）、アメリカではS・T・ルーズベルト（第二六代大統領）、ドイツではウィルヘルム二世（ドイツ皇帝）、ロシアではS・ヴィッテ（ロシア帝国首相）などの指導者のもとで、いずれも対外政策でそれぞれその方法は異なるが、帝国主義者を推進したことは疑う余地はない。

最も典型的な帝国主義の原義は、イギリスの海外領土の拡張と一元的統括政策であり、続いてアメリカによる一八九三年のハワイ革命で、ハワイ王朝が打倒され、一八九八年の米西戦争でフィリピン、キューバを保護国にしたのもその例である。

後進国を震撼させた帝国主義、植民地政策の中に、明治維新後の日本が遅ればせながら参入したにすぎないのである。日本は近代世界の中に遅れて登場し、列強への対抗と資本主義の同化という相異なる座標軸を相互に関連させながら、全体としては軍事力を強化し、西洋化を駆け足で進めてきた。

日本が明治期、欧化政策をとるとともに、独自に軍備を強化し、ナショナリズムも高まった。西洋列強が中国の一部を植民地化したり、ロシアも利権を求めて満州へ勢力を伸ばし、さらに隣国朝鮮も独立を維持するのが容易ではなかった。このような時代背景から日本のナショナリズムは、日本の植民地化の可能性を防ぎ、独立を堅持するために盛り上がった。

西洋列強とアジアの植民地化の間で、いかに日本の独立と独自性のある資本主義を発達させるかが課題となったのである。

明治一〇年代から二〇年代にかけて、対外的には朝鮮・清国問題が最も緊急なものとして浮上し、次に切迫した課題として条約改正、いわゆる治外法権の撤廃問題であった。アジア問題の中心は朝鮮の独立であり、清国を宗主国と仰ぎ、その従属国に甘んじる朝鮮を解放することが、日本が独立国を堅持することにつながった。

「脱亜論」は、一八八五年三月一六日の『時事新報』紙上に、親日派のクーデター失敗に対する失望を背景に、社説として福澤諭吉によって書かれたものである。その内容は、ここにおいて、アジア諸国がおかれている民族的な危機の情況の中で、日本は隣国、すなわち朝鮮および清国と運命を共にすることができない所以《ゆえん》を力説し、西欧列強のアジア侵略が、日に日に切迫しつつある状況のもとで、日本は文明化を受け入れ、アジアの中で新機軸を打ち出した。その主義は「脱亜」である。独立達成にまったく無関心である朝鮮および清国と訣別する旨を宣言したものである。朝鮮を清国の束縛から解放することが、朝鮮国の独立となり、日本の独立が不動のものとなると考えたのである。この「脱亜論」が出されて以来、脱亜意識が国民意識を次第に捉え、日本人の対アジア認識をリードしていくことになったのである。

日清戦争と三国干渉の影響

日清戦争の行われた一九世紀とは、軍事力を背景とした列強の国家権力、利己心が国際政治を動かした時代であった。日本もその欧米列強をモデルとして、わずか二十数年前に国家として軍事力を整備してきたが、日清戦争は近代日本の大きな転機となった。

国内政治では、政府と政党の間でこれまで激しく争われた民力休養か軍備強化かという問題に決着がついた。

日清戦争がなぜ、起きたかを見る場合、日本の欧化政策とも関連するが、国家間の利害では、東アジアにおいて日本は清国と、琉球問題、台湾問題、朝鮮問題で対立していたことが背景にある。すでに一八八二（明治一五）年の「壬午の変」で日本は、朝鮮を属国視していた清国には何ら相談することなく、朝鮮を自主独立国と認めてこれと条約を締結した。一八八四年の「甲申の変」においても日本は同様の措置をとり、翌一八八五年、清国との間に天津条約を締結した。①従来、日清両国から朝鮮に駐留させていた軍隊を撤去すること、②軍事教練のために両国から教官を派遣しないこと、③将来、両国が軍隊を朝鮮に派遣しようとする時は、互いに文書による承諾を条件にするという三項目である。

日清戦争の直接のきっかけは、一八九四年五月、朝鮮に東学党を核とする農民軍が、政府に対して反乱を起こした。事件が勃発するや、陸奥宗光外相は清国に対し、「農民蜂起の共同鎮圧」と「朝鮮内政の共同改革」を申し入れたが拒否され、清国は天津条約の条文に違反して、日本に断りなしに出兵し、牙山《あさん》へ上陸したので、日本もまた出兵し、清国に対する宣戦の詔勅が発せられたのである。福澤諭吉も前述した「脱亜論」で強硬論を展開したし、徳富蘇峰は「清国自ら朝鮮に対する発言の権を放棄した」と国民新聞で「清国の理不尽」を明確にした。

ちょうど、その時期に、陸奥外相が進めていた日英条約交渉が妥結し、日英通商航海条約が締結され、長年の懸案だった治外法権が撤廃された。また、日清戦争が一八九四年八月一日、勃発したが、日英新条約は対清開戦にあたって列強の介入、国際世論の批判を封ずる上で大きな意味をもったのである。

日清戦争とその後の三国干渉によって、軍備強化への国民的合意が形成され、民力休養のための地租軽減はもはや問題にならない。この点での国民的合意が形成されたことで、藩閥政府と政党の提携が常態化する。外交面では、戦争を契機に日本は帝国主義国家への道を歩むことになり、東アジアで欧米列強と対立・妥協を繰り返しながら、朝鮮・中国での利権獲得に官民一体で進めることになる。

日清戦争での戦況は日本軍有利に展開し、平城攻略に続き、黄海海戦でも勝利し、旅順口を占領した。翌年の三月に、国際社会の予想に反し日本の勝利に終わった。

日清戦争の日本の勝利は列強にとって予想外のことだった。清国の権威は地に落ち、一方で日本の国際的地位が高まるに至った。そして、一八九五（明治二八）年四月一七日、下関で日清講和条約が調印された。

これにより、清国の朝鮮に対する宗主権は最終的に否定され、日本は遼東半島、台湾、彰湖列島を獲得した。下関での日清講和条約調印の六日後、予想通り、露独仏の三国の公使は外務省に林董次官を訪れ、各自本国政府の訓令に基づき日清講和条約中、遼東半島割地の一条に関する異議を提出した。三国は「日本の遼東半島の領有は清国の安全を脅かし、朝鮮の独立を危うくして、極東の平和のためにならない」として返還を勧告してきた。当時の外交文書によると「今回露独仏三国の干渉は必ずしも意外に出たるに非ず其徴候遠く朝鮮事件発生の当初より不断連絡したるものあり」として、外務省の段階では、すでに大国の干渉が予想されていたのである。

ここに日本に与えられた選択肢は、露独仏の三国と戦うことを辞さないか、三国干渉を受け入れるかであった。日本政府は三国の決意が相当強固であり、三国と戦争をすることもできないため、これを甘受し、五月一三日馬関条約の批准交換を終えたが、ここにおいてはじめてかかる事実を発表し、同時に遼東半島還附の詔勅が発せられた。かくして日本国内において、三国干渉をめぐる議論が噴出することになったのである。

この時以来、日本は復讐のために耐え忍ぶ「臥新嘗胆」を合言葉に、ロシアを仮想敵国として、軍備拡張を国民の総意のもとに実行した。一方ロシアはロバノフ外相が清国の李鴻章総理と秘密協定を結び、旅順と大連のロシアへの九九カ年租借を成立させる。

欧米の黄禍論への対応

黄禍論とは黄色人種が白色人種を凌駕し、白人文明ないし白人社会に脅威を与えるという主張である。日本は近代化に成功して、アジアの唯一の帝国主義国になった時、日本の主体性を揺るがす危機になった。ドイツ皇帝ウィルヘルム二世（一八五九～一九四一）が日本の国際的進出はヨーロッパ文明を脅かすとして、日本を極東に閉じ込めるべきだと発言が飛び出した。このことは、欧米列強は日本の欧化を評価しないということであった。黄禍論は日清戦争後のヨーロッパで広がり、そのねらいは、ヨーロッパ列強にとって、そのアジア侵略にとって障害になる日本に対する警戒感であった。その契機になったのが、日清戦争後の一八九五年の下関条約による日本の遼東半島領有に、ロシア、ドイツ、フランスが干渉して清国に返還させた三国干渉に結実したとみてよいだろう。

そして、黄禍論は、Yellow Perilという英語となって、特に日露戦争以後、一九世紀から二〇世紀初頭に及ぶアメリカ合衆国における中国人、ついで日本人に対する排斥、およびかつてのオーストラリアにおける黄色人種排斥の白豪主義となった。

また、黄禍論が渦巻く中で、ロシアと戦うのは不利であり、これを打破する任を負ってアメリカの世論を親日に変えさせる工作をしたのが金子堅太郎であった。金子はハーバード大学時代の友人の大統領・セオドア・ルーズベルトがいたことが有利に働いたことと、金子の民間大使の活動は高峰譲吉らの協力で順調に進んだ。

当時、日本人は西洋人と同じ道を歩みつつあったので、黄禍論による人種差別を薄める努力をしたのは当然であった。晩年の大隈重信もまた、人種差別撤廃案を国際連盟が認めない限り、加盟すべきでないと差別、移民問題に論陣を張っている。

日露戦争とポーツマス講和

日露戦争と日米関係は直接関係ないようであるが、日本は最初からこの戦争で早期講和を条件に開戦したため、仲裁役としてどうしてもアメリカとの関係強化が必要であった。

日露開戦後の戦況は日本軍が旅順要塞を陥落させ、ロシアの東洋艦隊を全滅させる戦果をあげ、戦況は優勢に進んだ。そしてアメリカのセオドア・ルーズベルト大統領（一八五八〜一九一九）の仲裁で、ポーツマス講和会議が一九〇五（明治三八）年八月九日から開始された。伊藤博文の意向で、前述したような金子堅太郎の根回しがあった。日露戦争を終わらせるためのアメリカの仲裁で始まった。

日本の全権は小村寿太郎外相と高平小五郎駐米公使で、ロシアはウィッテ前蔵相とローゼン駐米公使であった。交渉は二転三転したが、結局ウィッテの懸け引きが上回って、樺太は半分、賠償金なしという条件をのむことで決着してしまった。

日本の世論は、樺太全島とハルビン以南は権益間違なきものと信じられていたので、失望は大きかった。落胆した民衆によって、悲憤慷慨が一時に起こって、一九〇五年九月五日、日比谷焼打事件で、国民新聞社は焼き討ちされるなど大変な騒ぎになった。新聞の多くは、過激な論調をもって政府を責めた。

しかし、国力としての日本の交戦能力の限界は明白であった。しかも、ロシアはバルチック艦隊を全滅させられ、満州と朝鮮の利権、支配権を失い、樺太半分を失った。これに対して日本は、堂々と大陸に足場を築くことができた。日本の海軍力は、太平洋においてはイギリスを除いてはいずれの国よりも優位に立ったのである。これを見ても講和が日本にとって妥当であったと考えるべきだろう。

実際は、ポーツマス条約の締結に際して、交渉にあたった小村寿太郎は最強硬派であり交渉の打ち切りと戦争の継続を主張し続けたという。これをルーズベルト大統領が日本の本国政府に直接訴えて、やっと小村を抑え込んだというのが真相のようである。

何といっても、日露戦争の戦果は、日本による韓国の支配を確実なものにしたことである。

この講和会議後、世論は政府をなじり続け、桂内閣は総辞職し、代わって西園寺公望内閣が誕生した。

この戦争で、ルーズベルト大統領は後述する新渡戸稲造の『武士道』を五年前に読んで日本人の質実剛健の精神、礼儀正しさを理解していたことも、和平に一役買うきっかけになった。

そして、ルーズベルト大統領は金子あてに長文の手紙を書き「もう日本は戦争の目的は達成できたのだから、金を取るため戦いを続ける意味はなく、平和に対する文明社会の期待に応えてほしい」と日本の交戦能力の限界には触れず、和平のための妥協を要請した。

日本の世論は戦費賠償と樺太割譲を強く望んだ。しかし、伊藤博文を中心とする政府首脳は、二条件をあきらめて、ルーズベルトの斡旋に応ずるハラを決め、小村に訓令した。

ところが、樺太の南半分が結局、日本に割譲されたのは、ルーズベルトがロシア皇帝に直接働きかけた結果であった。

第一次世界大戦後のアメリカの脅威

一九一四（大正三）年七月第一次世界大戦が勃発した。ドイツとロシア、フランス、イギリスがドイツと四年を超え戦闘状態が続き、日本も日英同盟もあり、ドイツに宣戦する。

日本は赤道以北のドイツ領太平洋諸島を占領し、中国の青島を陥落させた他、イギリスの要請に応えて地中海に艦隊を派遣した。一九一七年に、アメリカも参戦し、大戦は新たな局面に入り、翌七年一一月に大戦は終了する。

さて、大戦期において、アメリカは国力を増し、日本から見ると急速に脅威になってきた。第一に日本人移民排斥問題、第二にアメリカの急速な経済発展、第三に米海軍の拡張である。第一の移民排斥運動は一九〇六年一〇月のサンフランシスコ市当局の日本人学童隔離問題が発生し、大戦中は下火となったが、やがて、一九一七年、アメリカ連邦政府は大戦への参加と前後して、それまでの移民関係法規を結合した新しい移民法の草案を明らかにする。同法案の第三条には第一次排日土地法と同様に帰化不能外国人（日本人を含み、中近東を除く全アジア人を指す）の表現が登場し、これは欧米人の人種差別に憤る当時の日本人に屈辱感を与えるものであった。

第二にアメリカは大戦時に工業生産高でイギリスを抜き、世界の三分の一を占め、債務国から債権国へと転じた。この著しい経済成長は脅威であった。そして第三にアメリカの軍事力の拡大である。ウッドロー・ウィルソン大統領（一八五六～一九二四）は特に海軍力を強化すべく、戦艦六隻、駆逐艦五〇隻、潜水艦六七隻など総計一五六隻にのぼる建造計画を発表した。これは明らかに、太平洋を挟んで日本を意識したものと考えられた。

そこで、日本は抑止力を高めること、殊に、日本の海軍力を高めること、つまり軍事的均衡による平和の達成しか、日米親善の復活はなくなったのである。

以上三つの問題から日米の葛藤が表面化し、そして具体的には、中国のナショナリズムの矛先となる日本と、その中国に同情を寄せるアメリカとの間の三角関係が形成されるのである。

パリ講和会議で人種差別撤廃を提案

一九一九年一月一八日からパリ講和会議が開会された。第一次世界大戦における連合国が中央同盟国の講和条件などについて討議した会議であった。世界各国の首脳が集まり、講和問題だけではなく、国際連盟を含めた新たな国際体制構築についても討議された。

日本はこの会議で、四月一一日、人種差別撤廃案を提案し、連盟規約前文に「各国民の平等及びその国民に対する公正待遇の主義を是認する」という一文を挿入するように求めたものである。採決が行われ、イギリス、アメリカ、ポーランド、ブラジル、ルーマニアが反対したものの、フランス、イタリア、ギリシャ、中国、ポルトガル、チェコスロヴァキアが賛成に回り、出席者一六名中一一名の賛成多数を得た。しかし議長のアメリカのウィルソン大統領は「本件は平静に取り扱うべき問題である」として、提案自体の撤回を求めるとともに、「全会一致でない」としてこの採決を不採択とした。

このウィルソンの態度が後々、尾を引くとともに、民主主義を日本へ売り込んだ国の元首の対応としては信じ難いものであった。後述する新渡戸稲造とウィルソン大統領とは、ジョンズ・ホプキンス大学での同窓生であった。

世界の主要国が集まり、そしてアングロサクソンを中心に特異な意識と行動様式をとる「例外国家」と「普通の国家」である日本とがアジア・太平洋で向かい合うことになった。アメリカが日本を「例外国家」と見ることに、当時の日本指導者は鈍感であった。少なくとも対外折衝力において、アングロサクソンに劣っていたのである。

日本通であるエドウィン・ライシャワーは当時の客観的情勢から『ザ・ジャパニーズ』で次のように所見を述べている。

「帝国主義的拡張に満腹し、世界恐慌の影響をさほど気にもしないですむほどの蓄積をはたしおえた欧米の列強が、日本にだけは拡張政策の放棄を求めた真の狙いは、経済・軍事面での力を養うに足る十分な基盤を日本にもたせないようにするためである。彼らはまた、自分たちは北アメリカやオーストラリアなど、けっこうな処女地を手に入れながら、日本にだけはその機会を封じ、小さな為にとじこめておこうとするのは、白色人種の得手勝手な人種偏見である」

第二章　日露戦争後の日米関係

日露戦争後のアメリカの反日感情

日露戦争の勝利は、日米関係にも大きな転換点となった。というのは、日本の勝利が明らかになると、アメリカはロシアの勢力が満州から駆逐されたことから、かねてアメリカの主張していた中国、満州における機会均等・門戸開放政策に対する一つの潜在的脅威として日本を考えるようになったからである。

そして、ポーツマス講和の仲介をし、日本に好意的であったルーズベルトに、その後に変化が見られる。当時は世界の列強が挙って帝国主義時代であり、日本が日露戦争で勝ったため、その仲間入りを果たし、それだけ米・英は後退したという判断である。日露戦争以降のアメリカは一方的に対日関係悪化の道を走ったといわれるが、日本側にも問題があった。満州市場の門戸開放を期待したアメリカに対し、満州における軍政の存続を背景に、日本綿布がアメリカ綿布を駆逐し、ユニオン・パシフィック鉄道のオーナーであるエドワード・H・ハリマン（一八四八〜一九〇九）による満鉄経営参加の希望も拒否した。日露戦争の結果、多くの犠牲を払った日本は、南満州における政治的、軍事的優越権を経済活動にも積極的に利用したのである。

これに対して、アメリカは門戸開放と機会均等を強く要求したが、次第に締め出されていったのである。アメリカ側に不満が高まっていくと、アメリカ国内では反日感情が日本人移民の排斥という形で噴出するが、それは日米関係を左右するほど深刻になっていくのである。

最初にアメリカに入った東洋人は支那人で、鉄道を敷く際の労働者としての移民であった。支那人は単純労働者としてよく働き、余剰ができれば貯金した。彼らは貯めた金で田畑などを買い、独立した。その結果、あとからアメリカに来たアイルランドの移民などとの衝突が生じたのである。白人の移民が支那人の村人全員を殺して土地を奪ったという話もある。それでも清国は抗議しなかった。しかし、その後やって来た日本人移民はそうはいかず、白人が手を出せない。日本がアメリカに悪意ある行為をしたことは一度もないのに、一方的に日本人移民反対運動が激しくなったのである。

サンフランシスコにおける日韓人学童隔離問題はこのような社会状況を背景にして発生した。この問題は、一九〇六年四月にサンフランシスコで起きた地震の後、一〇月に同市の教育委員会が、市内の学校の半数が焼失し学校設備に不足をきたしたことを理由に、市内の日韓人学童全員を東洋人学校に転校させるという決議を正式に採択したことから始まった。当時、市内の全学童約二万五〇〇〇人のうち、日本人学童は九三人であった。

この問題があくまでカリフォルニア州という一地域のものであったが、駐日アメリカ大使がアメリカ国務省へ抗議した。ルーズベルトは連邦議会の開会の際の教書で、サンフランシスコ教育委員会の処置は不公正な差別行為であり、不当であるとした。

ルーズベルト自身、当時の平均的アメリカ人がそうであったように、東洋人一般に対して差別意識をもっていたし、西海岸での日本人移民の急激な増加を気にかけてもいた。同時にルーズベルトが懸念していたのは、アジアにおけるアメリカの地位であった。当時、「グアムなどの太平洋諸島はまだ要塞化されておらず、フィリピンですら、日本海軍の総攻撃によって簡単に陥落され得る状態であった。その上、満州におけるアメリカの門戸開放政策は、日本の協力なくしては実現され得なかった。それ故、ルーズベルトにとって日本との友好関係は不可欠である」と考えていたからである。

そして、一九〇七（明治四〇）年、日本はハワイからの米本国への移住を自粛することで、排日感情が鎮静化することを期待し、妥協した。

満州事変と迷走する国家戦略

日本を全体主義の国家にし、無謀な戦争へ向かわせたのは、帝政ドイツ・プロシア憲法を採用したことに遠因がある。大隈重信や福澤諭吉が説いた専制君主の出現を許さない知恵を盛り込んだイギリス型の憲法が退けられた結果である。官僚や軍部に権力をもたせ、チェックすべき議会の機能が十分機能せず、軍の一握りの権力者によって国全体が専制支配されてしまう危険が最初からあったのである。

アジアにあって日本は、明治維新後、いち早く西洋に学んで近代化をとげ、アジアモンロー主義を実行に移し、二〇世紀初めまでにアジア大陸に支配と利権を設定し、国際的承認を受けるまでに至った。こうした日本に刺激を受け、反発となって覚醒した中国のナショナリズムは、日本と同じ独立と尊厳のために立ち上がり、一九二〇年代の中国統一の動きは、日本の既得権益に対する抵抗と挑戦になった。

さて、満州事変はなぜ開始されたのであろうか。戦前の日本の外交は、他国の利益をも尊重する国際協調路線と列強の圧力に屈せず国権拡張すべきとする主義の間で、二つに割れていた。世論は日露戦争の犠牲者「十万の英霊」をもってあがなった「満蒙の生命線」をないがしろにすべきではないというものであった。このように重要な国家戦略（対外政策・国防政策を中心とした国家政策）を憂い、当時の陸軍参謀本部の石原莞爾少将が中心になって作成した「国防国策大綱」が国策となって、関東軍の手によって満州事変が断行されたのである。それは、一九二八（昭和三）年の関東軍による張作霖爆殺事件を軍部と政府が処罰できなかったことが背景にある。いみじくも満州事変において、国論が分かれた時点で、統帥権が独立していたため、軍部の意向が国家方針になってしまった。

貿易上、日本とアメリカは補完関係にあり、経済上の利害は一致していた。一九三六年の日米間の貿易総額一三億五〇〇〇万円のうち、アメリカから日本への輸出は八億円を超え、日本はアメリカにとって良いお客であった。しかし、日本は満州市場に関してはアメリカへ簡単に門戸開放せず、次第に締め出したのである。そして、日米関係に深刻な対立が生じたのは、満州事変からである。関東軍の軍事行動に日本政府が引きずられ、幣原外交が破綻した時点から、日本はアメリカとの軋轢も強まり、困難なしかも妥協の難しい道を歩み始めたといえよう。

帝国憲法下で、満州事変が作った慣例には二つある。一つは、軍人たちが国家的発展のため必要と信ずるなら、対外軍事行動を発動する前例である。二つには、それに中央政府が同意しない時にも、軍部もしくは現場の軍が「直引」する前例である。これは文民支配の原則が完全に崩れたことを意味する。

このことは対外戦争が国内における軍部の政治支配を促進し、軍部支配ゆえに対外戦争の発動が容易になるという重大な禍根を残したのである。やはり基本的な問題点は帝国憲法で統帥権の独立が制度的に保障されていたことである。首相は多数決ではなく全会一致での閣議決定を求められたが、それでいて反対する閣僚を罷免する権限を与えられていなかった。非のある陸軍大臣を罷免できない首相が、軍部をコントロールすることは事実上困難であったのである。

満州国の建国と大陸政策

戦後日本において、昭和戦争史に関する歴史研究で、歴史を専ら「反省」の材料として見ようとする視点が強すぎて、真実が見えてこない。満州国の存在さえ否定し、英米とソ連に仕掛けられた挟撃作戦が目に入らない知識人もいるのである。

満州国を建国に関与した石原莞爾も、決して中国への侵略を目的としたものではなかった。そこに五族共栄（日、満、漢、朝鮮、モンゴル族）の独立国を作ることによりソ連の防波堤にしようとしただけである。リットン調査団にその存在を否定された満州国も、石原莞爾の考えが活かされていれば、いずれは国際社会からは承認されたであろう。

東條英機と対立した石原莞爾はむしろ大東亜戦争に反対した徹底した平和主義者であった。満州国を建国したのも決して中国への侵略を目的としたものではなかった。

日本の大陸政策を侵略とみなし、満州事変から大東亜戦争までの過程が、あたかも必然的な流れのように見られているが、果たしてそうであろうか？　満州事変そのものは塘沽《たんくう》停戦協定によって終結しているのである。太平洋戦争とは関係ないのである。

　関東軍は万里の長城を越えて関内に軍を進め、北京のすぐそばまで迫ると、何応欽はやっと停戦の提案を行った。一九三三（昭和八）年五月三一日、塘沽において岡村寧次少将と熊斌《ゆうひん》中将との間に協定が結ばれた。この協定によって満州国と接する河北省内に非戦地区が設けられ、非戦地域は、のちに梅津・何応欽協定によって河北全省に広がるのである。また、この協定で満州国と支那の境界線が明確になったのである。中国側は事実上、満州国を認めたのである。

　しかし、この時点でも、日本の国家戦略は政府、陸海軍間で整合されていない状況で、政府は国家発展の方向性を出せないし、陸軍は北のソ連にも対峙し、海軍は南下作戦をとることで米英と対決する危険をはらんでいた。

　一方で、いわゆるＡＢＣＤ包囲網は、一九四一年に東アジアに権益をもつ国々が日本に対して行った貿易の制限に当時の日本が付けた名称である。「ＡＢＣＤ」とは、制限を行っていたアメリカ（America）、イギリス（Britain）、オランダ（Dutch）と、対戦国であった中国（China）の頭文字を並べたものである。

　石原莞爾や瀬島龍三という極めて優秀であった軍人が二人とも北支に関わったことを否定的に見ていた。大本営参謀であった瀬島龍三は、「太平洋戦争は自存自衛の受動戦争」であり、「開戦の責任の一端は、そこまで追い込んだアメリカにある」と言っている。そして、もし日本の大陸政策が有終の美を収め得るチャンスがあったとすれば、それは満洲事変から支那事変への移行を絶対に防止し、万やむを得ざる場合も、支那事変から大東亜戦争への発展を絶対に阻止すべきであったと言っている。

また、瀬島は特に満州国に対する執着が強く、二〇年、三〇年かけてひとえに満洲国の育成強化に専念すべきであるとし、「対支戦争目的を主として満洲国承認の一事に限定し、あくまで蒋介石政権を相手とする交渉により、早期全面和平を策すべきであった」と言っている。

その上で、一九四〇年春夏欧州戦局激動の時にこそ、断固としてこの施策を強力に進め、例えば在支占領兵力大部分の撤収を策するなど支那事変の早期終結を図るべき道があったと、日米間で開戦まで進んだ齟齬を悔いている（『大東亜戦争の実相』）。

したがって、日本が支那（中国国民政府）との全面戦争は避けられた可能性もあったのである。

一九一五年以後の日米外交・経済関係

第一次世界大戦終結時、アメリカは世界最大の債権国となり、国際金融市場の中心はロンドンからニューヨークへシフトしていた。イギリスの国際金融面での影響力を凌ぐようになり、軍事面でも第一次世界大戦勃発時まで世界最強であったイギリス海軍と同等になった。

また、第一次世界大戦は日米両国の経済に思いがけぬ繁栄をもたらすとともに、両国間の貿易額も急拡大した。一九一五（大正四）～一九一九（大正八）年までの五年間の日本の対米輸出金額は四億七七〇〇万円で、前の五年間の三倍、同様に輸入金額は四億一二〇〇万円で、四・三倍になった。そして輸入の対米依存度はなんと三〇パーセントを超えた。これに対してのアメリカの対日輸入比率も約九パーセントに高まった。

一方、一九二〇年代のアメリカ外交は、軍縮を推進し、国際金融市場を安定化させることにより、アメリカ民間資本を元気づけ、民間経済外交を進めることであった。

また、アメリカの対東アジア経済政策では、中国の国内の混乱と工業化の遅れが背景となって、アメリカの対日貿易・投資がその対中貿易・投資をはるかに凌ぎ、アメリカにとって東アジアにおける経済上の最大の貿易相手国は日本であった。このように、経済面では両国は貿易、資本関係において緊密度を高める。アメリカ側は、日本がその帝国内の経済発展のためにアメリカ資本を必要としている以上、日本の軍事力を抑えながら中国関係でも有利に進めることはできると考えた。

第三〇代大統領カルビン・クーリッジと、その空席となっている副大統領職の任を実質的に務め、政権ナンバー2として重きをなすハーバード・フーヴァー（一八七四〜一九六四）商務長官は、当時、共和党内では比較的、珍しい古典的自由主義のグループを主導し、アメリカ経済を好調路線に導いた。

一九二〇年代のアメリカ外交は、フーヴァー商務長官が中心に推進した民間主導の官民協調による経済外交に象徴されている。第一次世界大戦の教訓は、総力戦への参加はアメリカ国内が尊んできた思想的・経済的自由と民主主義を破壊しかねず、また、国内では独裁主義的・全体主義的な体制が形成される気運となるという憂慮であった。

しかし、満州事変の勃発後、日本が平和的手段ではなく、武力により中国での影響力の拡大を行うようになり、日本の満州における経済政策と中国における軍事行動、占領政策がアメリカの権益を侵すようになってから、アメリカのその対中政策にも変化が現れ、積極関与にシフトさせていった。

ワシントン会議は一九二一年の一一月から翌二二年の二月まで三カ月間続けられ、日英同盟を破棄し、太平洋地域における日英米仏の権利の相互尊重と紛争処理協議を目的とする「太平洋に関する四カ国条約」の他「海軍軍縮条約」「九カ国条約」が締結された。日本は海軍大臣加藤友三郎を首席全権とし、駐米大使幣原喜重郎が交渉の中心となっていた。「幣原外交」と呼ばれる国際協調外交の展開であった。

この会議の背景にはアメリカのしたたかな戦略が存在していた。米西戦争でフィリピンを領有し、アジア太平洋に本格的に参入し始めたアメリカにとって、日英同盟の存在は邪魔だったのである。真のねらいは「多国間協調」という枠組みを準備し、何とか日英同盟を解消させようという意図であったことは間違いない。

そしてこのワシントン会議では、海軍の軍縮により、日米英のそれぞれの海軍の影響圏（アメリカは西半球、イギリスは英連邦圏、日本は西太平洋）を相互に尊重することを旨とするものとなった。

一方、経済問題では、東アジアについて、中国との条約改正の問題と中国における門戸開放の問題があり、アメリカは、中国、特に満州以外における日本の主導権は認めることはなかった。

具体的には満州鉄道（満鉄）へのアメリカ資本の関与を認めなかったものの、一方で日本の東洋拓殖会社のアメリカにおける債券発行による資金調達、そしてモルガン銀行を引受幹事とするアメリカ金融市場からの資金調達の斡旋を受けている。しかし満州の経済開発に対するアメリカの投資家が資金協力の限界であった。満州事変以後はアメリカの対日貿易政策は厳しいものになるが、経済制裁に踏み切るのは一九四〇年以降である。

排日運動と「新移民法」の制定

戦前の日米関係を悪化させた要因は、排日移民問題が大きい。「絶対排日移民法」の成立と施行は太平洋戦争の直接要因ではないにしても、戦争勃発の大きな要因になったことは間違いない。

一九〇六年一〇月のサンフランシスコ市当局の日本人学童隔離問題はすでに述べたが、満州市場における日本の門戸閉鎖的政策に対する不満が加わって、日本人排斥の風潮が一段と盛り上がったのである。そもそも排日、移民排斥問題の背景は人種的偏見が根底にある。それに加えて、日本の膨張的傾向、経済上の競争が加わった。日本の移民は、太平洋沿岸の開拓に貢献したのに、アメリカは有色人種の故をもって締め出しにかかり、排日運動となったのである。排日の嵐は一向に吹き止まず、要するにアメリカは、日本の移民がアメリカ市民となって、白色人種の間に地歩を占めるのが気に入らないからである。白色人種は、生まれながらにして、有色人種に優越感をもっていて、この偏見がある限り、日米関係にも一大試練の時が到来しつつあった。

一九一〇年代、日本人移民は低賃金に甘んじつつ、持ち前の勤勉さで野菜の生産を主体に成功者が出始めていた。カリフォルニア州では農業生産の一割を日本人移民が供給していたほどである。競合に負けたことに対する反感と人種的偏見から、アメリカ人労働者は日本人移民を排斥するための行動を起こし始めた。

その圧力に屈して、カリフォルニア州議会は一九一三年、外国人土地所有禁止法案を通過させ、日本人移民一世は、帰化権のない外国人として、借地権を奪われた。そして、さらに一九二四年には、連邦議会が「新移民法」を制定し、日本人移民に対して入国を禁止し、門戸を閉じてしまったのである。下院での議決は七一票対三二票という大差であった。

上院では「排日移民法」に対して批判的な意見も多く、外交的配慮からも否決されるものと思われていたが、ロッジ外交委員長が「植原書簡」を取り上げ、末尾にあった「重大なる結果」の語句がアメリカに対する脅迫にあたるとして熱弁を振い、逆転してしまった。戦前の日米関係における不幸な出来事であり、後々まで禍根が残った。

移民法が利害ではなく一国の「面目」の問題であると、かねてから日本の世論は見ていたが、法案が可決された時、世論を代表して徳富蘇峰は次のように言っている。「アメリカの上下両院は、我が日本国民にむかって三斗の熱鉄汁を飲ましめた。（中略）吾人は恥を知ると同時に、恥を忍ばねばならぬ。恥を忍ぶと同時に、いかにして恥を雪《すす》ぐかを、熱図《ねっと》せねばならぬ」。こうしてアメリカがその侮辱を払拭しなければ、日本が自らそれを払拭するのが「民族的自存の要理」だと訴えた。移民法は単なる日米問題ではなく、有色人種全体の問題となっていた。すでにアジア・モンロー主義が第一次世界大戦中からの国民世論だった以上、移民排斥がアジア人種に対する挑戦と受けとめたのは当然だった。

日本ではアメリカの人種差別的な「新移民法」に対して、抗議集会が開かれ、日本のほとんどの新聞がアメリカ批判の論陣を張った。良心的な滞日アメリカ人たちも揃って、この暴挙を非難した。渋沢栄一と親しいシドニー・ギューリックや同志社のM・F・デントンは一九二四年アメリカ議会を排日移民法が通過した際、自分たちを正義、人道、キリストの愛を伝えるために日本に派遣したアメリカが、正義を無視した人種的偏見に基づく排日移民法を制定したことに激しく抗議した。このような非合理的な法に対して、日米協会会長の渋沢栄一も、日本人移民排斥を懸念して、自身で渡米したり、信頼する人物を派遣したりして、日米識者で協力して移民問題好転の道を探ったが、ことごとく不調に終わった。

これ以降、日本人一般にアメリカ敵対思想が台頭し、政府がアメリカとの協調努力に努めようにも、動きがとりにくくなった。

葛藤と亀裂が深まった日米関係

日露戦争後、日本が帝国主義列強の一員として認知された。そしてそれゆえに生じた、列強間における新たな政治経済上の利害の衝突は想定していなかった。むしろ、日露戦争前後から西欧諸国に涌出していた「黄禍論」の観点から理解したのである。

いずれにしても日米両国間に葛藤が生じ、互いを脅威や敵性国として意識するようになったのは、日露戦争後のことである。バルチック艦隊を壊滅させた日本海軍からフィリピンを防衛できるかという問題がアメリカ政府内で提起され、その反日感情が日本人移民の排斥という形で現れた。日本の満州進出と門戸開放をめぐるアジア大陸での葛藤が、両国の対立要因として噴出したことは否定できなかった。

日本政府が発した、いわゆる対華二十一ヵ条要求は、中国のナショナリズムを刺激し、反日運動の起源となったばかりか、アメリカにおいても日本の中国に対する排他的支配を意図するものと受け取られ、対日不信の根拠となった。

日清・日露両戦争の勝利を経て、アジア唯一の独立した帝国を築いた日本が、支配圏を拡大することを望んだため、中国ナショナリズムとアメリカのアジア政策と衝突したわけである。中国は日本の侵略を世界の世論に訴えるという手法で抵抗意思を示し、アメリカの政府と世論がこれに同情と理解を示したのである。

さらに自由の独立獲得のため、独立戦争、南北戦争を体験したアメリカ国民には、外部からの圧力に苦しむ中国への同情心が存在し、アメリカから派遣されたキリスト教宣教師たちは、正直にアメリカ本国に広めた。一九一一年の辛亥革命以降、中国を姉妹共和国と考える国民感情がアメリカ国内で高まった。第一次世界大戦期のウィルソン大統領は、こうした立場を民族自決の原則として世界に宣言したのである。

このように、アメリカに生じた非白人国・日本に対する脅威感、清国（中国国民政府）への同情も重なり、日米関係は次第に緊張化するのである。

一九三〇年代半ば、世界はヴェルサイユ体制の存続をめぐって枢軸国（伊独日）・自由主義国（英米仏）・共産主義国（ソ連）の三陣営が次第に対立を深める。日本は一九三七（昭和一二）年から中国と日中戦争（支那事変）を行っていた。日本軍が中国の占領を進め、また、パネー号事件などの日本軍によるアメリカの在中国権益侵害事件が発生するに従い、中国の権益に野心があったアメリカでは人種差別的意識もあって対日経済制裁論が台頭してきた。

アメリカが日本に対して圧力を加え出したのは、日華事変の拡大と南部仏印への侵攻が始まってからである。一九三九年、アメリカは日米通商航海条約の廃棄を通告した。翌年一月に条約は失効し、アメリカは屑鉄・航空機用燃料などの輸出に制限を加えた。アメリカの輸出制限措置により日本は航空機用燃料（主に高オクタン価ガソリンとオイル）や屑鉄など戦争に必要不可欠な物資が入らなくなった。アメリカの資源に頼って戦争を遂行していたため、その供給停止による経済的圧迫は地下資源に乏しい日本を苦境に陥れた。

太平洋問題調査会の活動

戦前の日本人クリスチャンが多数参加した太平洋問題調査会（ＩＰＲ）という国際的な組織があった。ＩＰＲはハワイのＹＭＣＡ（キリスト教青年会）の汎太平洋ＹＭＣＡ会議の発展組織として一九二五年に設立され、この年ホノルルで行われた第一回会議に始まり加盟各国に独立した支部が設けられ、日本ＩＰＲは一九三六（昭和一一）年の第六回ヨセミテ（アメリカ）会議を最後に解散した。

日本太平洋問題調査会（日本ＩＰＲ）は当初から外務省の強力なバックアップを受け、民間外交の担い手となった。設立の背景にはカリフォルニア州における日系移民排斥運動を憂慮して一九一五（大正四）年、渋沢栄一を中心に結成された「日米委員会」の活動があり、同委員会メンバーは日本ＩＰＲ発足にあたり全員が参加した。日本の国際連盟脱退以後には太平洋会議を日本の立場を世界に説明する唯一の国際会議として位置づけ、活動するようになったのである。

設立当初の日本ＩＰＲは、渋沢栄一が評議員会会長、井上準之助（日銀総裁）が初代の理事長に就任し、他に阪谷芳郎・澤柳政太郎らが理事となった。以上のような財界人・政治家の他、新渡戸稲造（二代理事長）および彼の影響を受けた高木八尺・高柳賢三・那須皓・前田多門・鶴見祐輔など大正デモクラシー世代の自由主義的知識人が参加した。彼らはいずれも日米関係の安定に関心をもつ「知米派」であった。

一九二九年の太平洋会議では新渡戸稲造が議長を務めた。翌年のロンドン海軍軍縮会議にも随員で参加した樺山愛輔も第三回京都会議から参加した。樺山の弟子ともいえる松本重治や牛場友彦、樺山の女婿の白州次郎がIPRに送りこまれた。こうしてIPRは渋沢、新渡戸、樺山の弟子たちの集会所のような存在となっていた。

樺山はアーモスト大学を卒業し、二〇年以上の滞米経験からアメリカ国内に多くの知己をもち、知米派の筆頭格でもあった。そのため、若槻礼次郎首相や外務省から依頼を受け、日本政府の非公式使節として何度も渡米した。アメリカでの人脈はアダムス海軍長官、キャスル元駐日大使、ヒューズ元国務長官、ラモント商務長官、フォード社のフォード会長、クーリッジ元大統領などでアメリカでも影響力をもつ人たちである。とりわけ樺山とヘンリー・スチムソン国務長官とは年齢も近く、最も親密な間柄で、お互いに信頼も厚かった。両者の会談の記録は二人の手記にも書かれていて興味深い。一九三二年一月八日の二人の会見は延べ五〇分にも及んだという。この会談で長官はロンドン軍縮などの日本の国際協調への態度を評価する一方、満州での行動は軍側が主導権を握っていることに懸念を示し、不戦条約や九カ国条約に対する違反を述べた。樺山の中国関連の説明を信じず、満州占領後、日本軍は中国に侵入すると予測する一方で、幣原には高い信頼と評価をもっていることを樺山に伝えた。

また、スチムソンの日記によると、樺山とはロンドン軍縮会議で一緒だったこともあり、二人はともに率直に満州の現状を語りあい、満州事変まで日米両国が協調を享受してきたこと、樺山からの話として、日本政府と陸軍との間が一致せず、スチムソンも知らなかったという日本海軍と陸軍との対立などの話が書かれている。

この後、一九三三年に第五回太平洋会議がカナダのバンフで開かれ、日本からは新渡戸稲造が出席し演説した。そして第六回は一九三六年八月一五～二九日まで、戦前最後の第六回太平洋会議がアメリカのヨセミテで開催され、米・日・中・英・仏・蘭・豪・ニュージーランド・加・比・蘭印に加えソ連が新たに正式参加、一二地域となった。テーマは「太平洋地域に於ける経済政策、並びに社会政策の目的と結果」であったが、日本代表の説得力は失われ、孤立的立場がいっそう明確になった。

樺山愛輔（一八六五～一九五三）

薩摩藩士・樺山資紀の長男として鹿児島に生まれる。一八七八（明治一一）年、アメリカに留学。アーモスト大学卒業後はドイツ・ボン大学に学ぶ。実業界に入り、函館どっく、日本製鋼所、十五銀行などの役員を務める。一九二二（大正一一）年、伯爵を襲爵した。一九二五年に貴族院議員。一九三〇年のロンドン海軍軍縮会議には全権顧問で参加。戦後一九四六（昭和二一）年、枢密顧問官に就任。日米協会会長や国際文化振興会顧問、国際文化会館理事長などを歴任。

ヘンリー・スチムソン（一八六七～一九五〇）

イェール大学で学び、一八九〇年にハーバード・ロースクールを卒業した弁護士。陸軍長官、フィリピン総督などヲ経て、フーバー大統領のもとで国務長官に就任。トルーマン大統領のもとで再び陸軍長官となり、京都への爆撃並びに原爆投下に反対した。ポツダム宣言の起草にも影響力を行使した結果、一九四五年八月に日本は国体（天皇制）を護持して降伏することができた。

日独伊三国同盟と日米交渉の破綻

一九四〇年九月、第二次近衛内閣が日独伊三国同盟を締結した。したがって日中間の紛争が日米戦争へと決定的な枠組みが生まれるのは、欧州における大戦の勃発による国際情勢と対日経済封鎖に要因がある。

この条約の目的は、アメリカの欧州戦線への参戦を阻止することにあった。それにヨーロッパはドイツが、アジアでは日本が主導権をもって、「新秩序」を建設することも、この同盟の目的であったが、何と言っても問題はアメリカの参戦阻止が主眼であった。

日本にとっては、アメリカによる対日経済制裁の本格的な発動のため、南方の石油資源を手にして長期にわたり戦争を持続する基盤をもつことが不可欠であった。そして日本がナチス・ドイツと一体化してグローバルな挑戦に与することは、アメリカにとって最も容認しがたい点であった。一九四一年段階でぎりぎりまで行われた戦争回避のための日米交渉にあって、一、仏印からの撤兵、二、三国同盟の無効化、三、中国からの撤兵が、最後まで争点となったのである。

そして、一九四一年一月にルーズベルト大統領は政府と軍の首脳を集めて行った重要な戦略会議で、当面の優先事項は「西半球の安全確保」と「イギリスへの援助」とされ、日本が当時中国方面で行っていた領土拡張に対しては「外交的手段で対処する」ことが確認された。一方で蒋介石政府への援助を強化した。

そのため、国民政府への援助物資が運ばれるルートを断つため、一九四一年七月に日本軍が南部仏印への進駐を行った。これに対してアメリカ政府はそれまでのような緩慢な外交的圧力では、日本の勢力圏拡大を阻止できないと悟ったルーズベルトは、まず七月二四日に南部仏印進駐の中止を日本に要求し、翌二五日には在米日本資産の即時凍結を発表、その一週間後の八月一日には対日石油輸出の全面的禁止を宣言した。これにより、日米関係の亀裂は明確になり、衝突寸前に陥ったが、この時点では、まだ、戦争回避の道は残されていた。この間、グルー大使らも懸命に日米間の妥協を探って、ホノルルで近衛・ルーズベルト会談を開くところまでこぎつけたが、日本軍部の抵抗で不調に終わった。

もし、アメリカからの石油輸出が保証されるなら、南部仏印の部隊を北部に引き揚げさせるという妥協案を米政府に提示し、アメリカ側も最初はこれをベースに交渉を継続する意向を固めていた。

だが、この案の内容を知ったイギリスの首相チャーチルと中国の蒋介石が、強硬に反対を唱えたため、ルーズベルト政権は交渉継続をあきらめ、代わりに日本側に全面的譲歩を要求するコーデル・ハル国務長官（一八七一〜一九五五）の提案書（いわゆるハル・ノート）を突きつけた。

その内容は、仏印と中国からの撤兵、中国利権の放棄、ドイツとの同盟の破棄など、現実的に日本が受け入れられる範囲を超えた譲歩を要求するものだった。

日米交渉は、結局、日華基本条約を承認させることによって中国問題の解決を図ろうとする日本と、あくまで「ハル四原則」を基礎に、二国間ではなく多国間協議にこだわるアメリカとの対立は合意に至らなかった。

一九四一（昭和一六）年一一月、日本は野村吉三郎駐米大使に来栖三郎特命大使を加えてアメリカと交渉を試みた。中国との和平と交換に、アメリカとの正常な通商関係の復活を要求した。しかしハル・ノートは妥協のない最後通牒であった。

第三章　渋沢栄一による日米経済外交

明治維新政府で能吏発揮

渋沢栄一（一八四〇〜一九三一）は日本の「資本主義の父」といわれ、その生涯を通じて貫いた経営哲学は「利潤と道徳を調和させる」という、経済人がなすべき道を明確に示した（『論語と算盤』）。渋沢の半生伝『雨夜譚《あまよがたり》』は、一八八七（明治二〇）年、満四七歳の時に、当時深川福住町にあった自邸で一族の者たちを相手に自分の幼少時代から大蔵省退官までの経歴を語ったものである。当時渋沢は、五十代半ばに差しかかった時で、一八六八年にヨーロッパ見聞から帰国して、日本で初めての株式会社商法会所を創立し、企業経営の近代モデルを提唱した。

渋沢栄一

第一国立銀行をはじめ手形交換所、東京商工会議所、それに民間会社を三〇〇社ほど創業するなど、実業人として日本の産業界を指導する立場にいた。その『雨夜譚』四巻の明治維新までの渋沢栄一の足跡をたどってみよう。

渋沢栄一は一八四〇（天保一一）年に武蔵国榛沢郡血洗村（現在の埼玉県深

谷市）に生まれた。渋沢の生家は村でも相当な富農で、農耕の傍ら藍玉の製造・販売を手掛け、若干の金融業も行っていたようだ。いわば農村の指導者としての役割を担う家であった。

渋沢は父の代理として代官の陣屋に呼び出され、御用金五〇〇両を申し付けられた時に代官の不条理な対応に対して厳しい批判と怒りをあらわにしている。一方では祖父や父親の交渉をまねて藍の葉の仕入れに商才を発揮するなど、家業にも精を出した。

渋沢は読み書き算盤という、当時の庶民が共有した教育にとどまらず、農村事業に関する書物や論語など儒教の基礎的な知識に加えて、当時一世を風靡した水戸学の影響を強く受けた従兄の尾高惇忠について学んでいる。水戸学の特質は、外国に対して日本の特殊性を唱え、幕府支配の正当性の根拠を天皇に求めると同時に、学問の実用性を強く主張したところにあった。

当時の農村の指導者層の教養を背景として、従兄ら同世代の若者たちの熱気は渋沢らを「尊王攘夷運動」に駆り立てていった。

渋沢や従兄たちは、時に江戸へ出て、千葉周作の開いた道場に通ったり海保漁村の塾へ顔を出して、武術や学問を学ぶとともに、江戸の情勢を捉えようとしていた。渋沢たちは、ひそかに武器を買い集め、高崎城を乗っ取り、横浜の外人街を焼き討ちにする計画を立て実行寸前にまで至るが、最新の京都の状況（公武合体派のクーデター）を知った従兄・尾高長七郎の懸命の説得によって計画を中止する。もし実行していたら渋沢らは消えていたであろう。尾高長七郎は渋沢の最初の恩人である。

渋沢は、幕府の追及を逃れ、従兄・渋沢喜作と京都へ上京する。京都は、尊王攘夷派と公武合体派が最もホットに火花を散らしている情勢であった。再起を期した渋沢は一八六四（元治元）年二五歳の時に、平岡円四郎の推薦で一橋家に仕官し、一橋慶喜が幕府最後の将軍に就任すると幕府の家臣となった。渋沢に与えられた仕事は、一八六七（慶応三）年将軍の弟である徳川昭武のパリ万国博覧会遣欧使節団に一年間「勘定方」（総務兼会計）として随行する役割だった。欧州各国が自国の産業文化を競い合う博覧会の展示と、渡欧中昭武とともに訪問した各国の実状は、渋沢にとって驚きの連続であった。

渋沢も述べているように、「勘定方」という仕事、つまり財政を担当するものとして出かけたという事実は、渋沢の実務能力を発揮する良いチャンスだった。東京大学史料編纂所には当時の領収書や渋沢が記帳した子細書が残っている。渋沢の几帳面さは見事であった。

また、渋沢はあらゆることがらに対して旺盛な好奇心を示す性格が、西洋料理や舞踏会など異文化への興味を引き出し、四民平等な社会や株式会社組織への積極的な関心を呼び起こしたのであった。栄一の目は、広く世界に注がれるようになった。渡欧中、一行で最も年が若かった渋沢は、昭武のよき話し相手にもなった。

特に、経済や商業行為が人間の社会にとって如何なるものであるかを実感したことは、その後帰国してから大いに役立つのである。

一八六八（明治元）年に帰国してみると幕府が崩壊して、新しい明治政府が成立していた。徳川家一門は静岡に引きこもることになり、渋沢もこれに同行した。静岡では当局から資金を借りて、一八六九年に商法会所を設立して商業活動を開始することになったが、同年大隈重信の推挙によって明治政府に出仕した。しかし、一八七三（明治六）年には当時所属していた大蔵省を辞職し、民間での経済活動に身を投じている。渋沢の大蔵省辞職に関してはさまざまな説があるが、明治維新政府の財政政策が民間の経済活動を圧迫するものであり、渋沢がヨーロッパで見聞し、自ら取り組もうとした民間の自主的な経済活動を抑止する方向にあったことを、「租税」を担当する側から渋沢がどのように考えたか、そしてかつて幕府に身をおいていた立場が明治維新政府の中でどのように位置づけられていたか、さらに言えば幕府時代と変わらない「官尊民卑」の風潮が、辞職の大きな要因になっていたのではないかと思われる。つまり、明治維新政府の近代化構想と、渋沢がヨーロッパで実際に体験した近代との落差が大きな影を落としていたのである。

日本の経済界をリードした渋沢栄一

明治の日本は長州、薩摩両藩の指導者が中心に諸政策が進められたが、近代化推進のために欧米からの産業技術、諸制度の導入が不可欠であったから、岩倉使節団の派遣と結果を待つだけでなく、国内の人材登用と確保が課題になった。大隈重信らが中心となり、旧幕臣からの登用も、お雇い外国人と並行して進められた。旧幕臣の渋沢栄一はその筆頭であった。渋沢が日本近代化推進の先駆けとして活躍するに至るのは、幕臣としてパリ万国博覧会遣欧使節団に一年間、徳川昭武に随行したお陰である。

大蔵省では、西欧流の金融政策を熟知していた渋沢は、精力的に金融制度を整備した。予算制度の改革にも注力したが、膨張し始めた各省の予算要求と軍事予算は、所詮、渋沢の説く健全財政路線とは相容れるものではなかった。

資金も知識も乏しい明治政府は、各地の有力な商人や資産家を集め、紙幣を出す特権を与える代わりに、大判や小判（金銀正貨）を政府に預けさせた。いわば資産家の信用を基盤として正貨を保証に取り、その何倍かの国立銀行紙幣（国立銀行券）を出させるという制度を作ったのである。渋沢栄一の最初の仕事は、大蔵省時代からの延長で、こうした銀行の設立を通じた金融制度そのものの創立だった。そして自身は約四年間の大蔵官僚に訣別し、商工業の発展に寄与しようと民間へ転進し、第一国立銀行を創設した。この時、渋沢栄一は三五歳の若さであった。

それからの渋沢は単なる銀行頭取の域を超え、近代主要産業で会社設立のほとんどに関係したといってよい。業種は、銀行から鉄道、海運、メーカー、商事など、ほとんどあらゆる分野にわたっており、生涯に約五〇〇の企業の設立に関与し、個人株主として、あるいは役員として、直接経営に参画した。

その意味では、渋沢は日本の資本主義の先駆者であり、日本独特の経済界（財界）を創りあげた。また、経済人の自覚を促し、外国に対して経済界の意見統一の場として、東京商工会議所を設立、そして東京証券取引所を設立し、オルガナイザーの役割をもって財界を指導した。

アメリカの鉄鋼王アンドリュー・カーネギーや自動車王のヘンリー・フォードなどは巨大な企業を生み育て、強力な財団を残して文化や学術にも貢献した。しかし、経営者が集団として行動するような組織を創ることはしなかった。資本主義先進国のイギリスやドイツでもそういう企業家は存在しない。日本にこのような経営者集団ができたのは、渋沢栄一個人が何百もの企業に関与し、共同出資の株式会社を創り上げたことに要因がある。そうした独特の風土をもつ日本的資本主義の創始者であった。

会社経営に道徳を持ち込む

明治維新後、産業界は急ピッチで近代化を進め、明治一〇年代後半から官業の払下げが進行し、産業振興に果たした政府の直接的な役割は一応終わり、有力起業家、財閥企業を中心とする民間企業が次第に表舞台に登場してくる。しかし、民間企業を発展させるためには、官主導事業による刺激だけでは不十分であり、新しいビジネスモデル、ビジネスの新しいイメージ作りが必要であった。次の言葉が見事に渋沢の考え方を示している。

「一個人がいかに富んでも、社会全体が貧乏であったら、その人の幸福は保証されない。その事業が個人を利するだけでなく、多数社会を利してゆくのでなければ、決して正しい商売とはいえない」

政府が会社の導入を奨励したのも、視野を広く、企業心に富む有能な人材を企業に誘引するためであった。このような政府の誘導に触発されて、やがて民間にも士族、商人、農民などの間から新しいタイプの事業家が登場し、ビジネスの社会的地位の向上に努め、産業振興の推進者となっていく。そして、国家共同体意識をもち、私的利潤の排除、家業観念の継承という理念、商工業の発展に寄与しようと官界から民間へ転進したリーダーが渋沢栄一である。

渋沢は「道義と殖利の両全」「道徳と経済の合一」を唱えたのである。つまり「義にかなった利益の追求」を理念に掲げ、新時代の「実業」と江戸時代の「商工業」「素町人」とを明確に区分した。新しい実業は不義の利を廃し、道義にかなった利益を追求する、すなわち道義を重んじ、公益重視によって国家に貢献することであるという理念を掲げたのである。

この渋沢栄一の「道徳経済合一」の経営哲学は極めて明快であり、多くの事業家に受け入れられるとともに、その後の起業家にも大きな影響を与えることになる。

このように、企業活動にあたって、単なる私的利潤の追求を否定し、国家への貢献を優先するという考え方、経営理念が多くの近代産業の発達に尽力した企業家に受け入れられたことは、業界秩序の確立と産業の健全な発展には好影響をもたらした。

渋沢栄一は早くから株式会社組織の必要性を主張し、多数の会社設立に参画してオルガナイザーとしての役割を果たし、渋沢の指導のもとで第一国立銀行、東京海上、日本鉄道、大阪紡績などの先駆的な会社制企業が設立された。これらはいずれも各業界における先発リーダー企業として設立された。

産業界での会社の隆盛とともに、政治、経済、文化の制度やバランスある発展もまた、当時の欧米志向から当然の急務であった。

また、経済人の自覚を促し、外国に対して経済界の意見統一の場として、東京商工会議所を設立、そして東京証券取引所を設立し、オルガナイザーの役割をもって財界を指導した。

渋沢栄一没後八〇年を迎えるが、論語のルーツ中国で『論語と算術』が一九九五（平成七）年に中国語に訳され、実業家の必読書になっている。急成長した中国では、拝金主義が批判され、儒教に関する関心が高まり、商業道徳を重んじる傾向になっているのである。

官尊民卑の否定と教育支援

渋沢の時代認識の特質として、国際的視野のもとで日本を考えるという思考であり、「官尊民卑」の風潮を野蛮の国の悪習と言い切った。自分が官界に仕えたのも本位ではなく、当時財政均衡が重要な課題であったため、大隈の誘いに乗ったわけで、もともと官僚ぎらいであり、早々と大蔵省を辞め、民間での活動を選択する。

当時、民間産業界では、産業振興、富国強兵のスローガンのもと、新事業が勃興し、三菱の岩崎彌太郎、大倉喜八郎など政界と結びついた政商が大きく成長し、財閥を築くまでになるが、渋沢は別なタイプの事業家であった。自ら国家官僚の立場に身をおかず、国家とは一定の距離を保ちながら民間の経済を活性化するという役割に徹したのである。

その「在野性」も、フランス留学の成果とも考えられる。大正期になると、渋沢は意識的に国際社会の存在を主張するようになる。渋沢は過去の日本は何事においても国内で事が足りたのであるが、これからの時代は何事においても「世界的」であることが問われてくると考えたからである。

渋沢によれば、こうした「官尊民卑」を否定する考え方は教育や社会福祉、都市計画にも及ぶのである。日本の教育を支配して、「学校といふものは唯政府が造るものだ、国家の権力を握るものが学校の制度を定めるものだ」(『竜門雑誌』第二七二号、一九一一年)という考えが一般的であった。国家の富強は商工業の発達を前提とし、それは民間活力を活性化することによらなければならないと考える渋沢にとって、官に頼らずに民間の力によって私立大学を設立することの意義を説いた新島襄の私学論こそ、近代日本になくてはならないものであった。

そして教育は、各分野に必要な人材を育成し、送り込むための最も重要な機能であり、命題であった。渋沢は森有礼が設立した商業の実務学校、商法講習所（現在の一橋大学）を支援したり、新島襄の同志社に多額の寄付をしている。また、渋沢は早稲田や東京女学館、日本女子大にも同様に資金面で協力し、国益のため、産業振興のための人材育成のインフラ整備に協力した。

帰一協会の設立

渋沢栄一は、国際社会においては政治、経済、商業、軍事とあらゆる分野において常に進歩発展があり、それに伍していく絶え間ない努力が「国際化」であると考えた。また、国際平和の実現をめざした渋沢の国民道徳構想とそれに規定された国際交流の思想は、多くの人々に多大な影響をもたらした。

渋沢の活動で見逃すことのできないのは帰一協会の設立と民間外交の推進であった。まず一九一一（大正一〇）年四月に、異なる宗教が相互理解と協力を推進して「堅実なる思潮を作りて一国の文明に資す」ことを目的として設立された。第一回の会合が渋沢の召集によって開かれ、成瀬仁蔵、井上哲次郎や宣教師のシドニー・ギューリック、中島力蔵、浮田和民などが参集した。帰一という言葉の意味として、それぞれの国民および個々の宗教がその特質を発揮することによって、「世界の人文」を豊かにし、「人類理想の大合奏」に関わることである。

帰一協会は目的を達成するために、宗教・哲学・道徳・社会・教育・文学などに関する論文や評論を掲載する雑誌を刊行して、内外の研究者の交流や国際会議および講演会などを積極的に開催した。

「二十世紀の文明は、全世界を打って一団となし、通商交通の上は勿論、精神上の問題に於いても、人種および国家の差別を打破せんとする勢いをしめせり」（『竜門雑誌』第二九〇号、一九二一年）という表現から始まる帰一協会の意見書は、経済の利害対立や人種感情の対立からくる国際紛争が人類の平和を脅かしている現実を鋭く指摘している。こうした状況において、「国民相互の友誼を増進し、国際の道義を擁護するには、世界諸国民、特に東西両洋人民間の同情を増進せざるべからず」（同前）と言うように、渋沢らがめざした課題は、日本の一国の徳育問題にとどまらず、国際的な平和融合を視野に入れたものであった。

さらに、この意見書では世界各国はそれぞれの固有の発展と歴史をもっているが、近代文明が世界に波及浸透するとともに、共通の問題に逢着していると説いている。この共通の課題として、例えば「個人主義と国家的団体」や「経済問題と社会政策等の問題」「実証主義の気風と宗教的理想主義」であるとか「社会の現実に応ずべき教育と道徳」（同前）をあげているが、これらの問題は「世界的文明の難関」である以上、「世界的の解釈」を経なければ、十分な解決策を得ることができないと述べている。

小村外相から民間外交の要請

前述したように実業家の渋沢栄一は資源の乏しい日本は海外貿易によって活路を開く必要性を感じ取っていた。そのために特にアメリカとの民間交流には経済を核とし、自由主義的研究者、知識人そして宗教人などの参画を得、自らの手で政財官との間に築いた人的資源やネットワークを駆使することによって政府の展開する経済外交を支援して、政府の外交政策の中に自らの考えや主張を反映することをめざした。こうした民間交流を渋沢は自ら国民外交と呼んでいる。

経済関係の密接な日米協力が欠かせないことを痛感していた渋沢栄一にとって、日米関係がいかに重要かはだれよりも強く感じ取っていた。友好的な日米関係という舞台装置を作り上げることに心血を注いだのは、「近代日本資本主義の父」と称された民間経済指導者であるという自負と、政府の外交にいささか不安をもっていたからである。

渋沢が民間外交ではなく国民外交と称した理由は、政府専門の外交官が十分でない現況から、国家の一員である国民の有識者は国家に対する責任があるとの認識に基づいて、政府および外務省の展開する外交を国民が支援もしくは補助的役割を担うべきと考えたことにある。

渋沢は、貿易上の原材料の供給という物的関係だけでなく、キリスト教、民主主義の移入という精神文化においても深く関与したこと。お雇い外国人としてアメリカ人を数多く受け入れ、アメリカが日本の近代化に深く影響したことに財界トップとして感謝の気持ちが大きかった。とはいえ、一方、列強の一国として帝国主義に不安をもち、アメリカとの関係の微妙な難しさを感じ取っていた。

ややもすると、アメリカ史から見てもアメリカ国民は極端に走る傾向があるという不安である。渋沢は『論語』を、徳と豊かさが共存する近代社会を実現するための指針として熟読したが、彼の解釈に従えば、儒教の教えはダイナミックで、多種多様な人々を組織化し起業する時に適用できる、基本的な理念と考えられた。四回の訪米を通じて渋沢は、アメリカ社会にも儒教のガバナンスに共通する要素を見いだした。

渋沢が国民外交に着手する直接の契機は、日露戦後の日米関係悪化を背景として、時の外相・**小村寿太郎**から国民外交の必要性を説かれ、渋沢自身の出番を要請されたことである。小村が渋沢に国民外交の展開を要請した理由は、一九〇〇年代に入ってから、カリフォルニア州を中心に日本人移民排斥問題が拡大する様相を呈した結果、ポーツマスというアメリカ国内における日露間の講和交渉を通じて得た認識、具体的には日米間であれば日米両政府間の外交交渉を展開する上で自国および相手国の世論の動向が交渉結果を大きく左右することが明確になったことである。アメリカ東部では民間人での立場での、金子堅太郎、高峰讓吉によるアメリカ世論への働きかけなどが、日米両国民が両国間の相互理解に効果が大きかったことは明らかである。しかしアメリカの東部と西部では事情は異なり、排日移民の世論は次第に高まりを見せていた。

排日移民問題は外相や外交官のみで国交を円滑にすることはもはや正規の外交ルートでは不可能であり、世論を動かす民間交流を加える必要を痛感し、その任にあたる人物として日米に経済人だけでなく、政治家、さらにシドニー・ギューリックのような宗教家などと有識者ネットワークをもつ渋沢栄一が最適であると小村は考えたことにある。

小村の要請に対して、時代の要請を察するに敏な渋沢は、それを自己の果たすべき役割と認識したのである。

小村寿太郎（一八五五～一九一一）
宮崎県出身。外交官。父は飫肥藩士。藩校振徳堂を経て、大学南校に進む。一八七五（明治八）年に文部省第一回留学生に選ばれてハーバード大学に入学。卒業後、司法官を経て外務省に転じ、翻訳局長、清国代理大使となる。その後、外務次官、駐米、駐露、駐清公使を歴任。一九〇一年に第一次桂内閣の外相となり、日英同盟に調印。日露戦争後のポーツマス会議に全権として出席し、日露講和条約を締結した。一九〇六年枢密顧問官、同年駐英大使、一九〇八年第二次桂内閣の外相に再任された。韓国併合、関税自主権回復に関与する。

渋沢による国民外交の展開

渋沢の晩年の関心は国際平和の実現に向けられる。渋沢によれば、国際社会においては政治、経済、商業、軍事とあらゆる分野において常に進歩発展があり、それに伍していくには国際化という絶え間ない努力が必要ということであった。その最も重要と思われるのが人脈づくりである。日米の人と人とが理解し合うことである。

小村外相の依頼を受けた渋沢は、実業人としての発想から国民外交の相手にアメリカ西海岸の商業会議所に着目し、まず一九〇八～一九〇九年に日米両国の実業訪問団の組織化、アメリカ太平洋岸商業会議所代表団の訪日を招請した。

また、渋沢自身も、一九〇八年八月～一二月までの五カ月間にわたり渡米実業団を率いてサンフランシスコにて開催されたパナマ運河開通記念万国博覧会を参観の後、全米各地を訪問し、政治家、学者、実業人と接触し、日米経済協力を呼びかけた。

この時の最大の収穫が、ニューヨークのインターナショナル・バンク会長のフランク・A・バンダーリップと知己を得て、積極的に話し合ったことである。その際、満州、中国、朝鮮などの広範な政治問題についても胸襟を開いて協議し、公平に考究することによって両国の国交を以前の親善関係に戻せるとの確信を得たことである。バンダーリップは日本の侵略性を示すと同時に、一八九八年の米西戦争の結果、フィリピンという具体的権益を有する太平洋国家として台頭するアメリカにとっても脅威と映っていることを渋沢に率直に伝えている。とりわけ西海岸という日本から近く、しかもカリフォルニアなど同化しにくい日本人移民が存在することで、社会心理的要因が移民問題をいっそう深刻化させていたことを渋沢は理解したのである。同時に世論の日本に対する偏見是正の難しさを感じたのである。渋沢は、日米の有志による協議を元サンフランシスコ商業会議所会頭で来日関係委員会会長のウォーレス・M・アレキサンダー一行とバンダーリップ一行の日本への招請という形で具体化させ、問題解決を図る行動を起こすのである。その際の渋沢の意図は、民間経済外交の展開と並んでカリフォルニアを中心とする排日運動を実業人としての立場から緩和する一方途として、双方の実業人の間にコミュニケーション・チャンネルを開設することが重要と考えたのである。

日米の人脈づくりと在米日本人会

渋沢は日米両国間に横たわる誤解と乳轢を解消し、友好関係を図る目的で、日本の主要な財界人を中心に日米関係委員会を設立したのはそのためである。この委員会の目的は、排日法の撤廃を実現するために日米両国の政府関係者ならびに実業家に働きかけることであった。日本側のメンバーでは渋沢栄一をはじめ藤山雷太、大谷嘉兵衛、添田寿一、頭本元貞、串田万蔵、阪谷芳郎、井上準之助、金子堅太郎、団琢磨、堀越善重郎、梶原仲治ら知米派の有力な政財界人のほとんどが参加した。

初めての訪米は一九〇二年であった。アメリカのエネルギッシュな経済力と社会組織に圧倒された渋沢は、アメリカ社会を統合する精神的基盤とは何かに強い関心を示した。そして一九〇九年、渡米実業団団長として渋沢は、日本の財界人やその家族と数名の技術者から成る五〇名を超える民間人を率いて、三カ月かけてアメリカ全土を見学し、交流を深めた。産業関連施設の訪問に加え、ウィリアム・タフト大統領（一八五七～一九三〇）や発明王トーマス・エジソン（一八四七～一九三一）といった著名人とも会見し、さらにはハーバード大学、プリンストン大学など主要な大学、教会、福祉施設にも立ち寄った。渋沢は、この視察旅行の目的は、日本人にアメリカ社会を総合的に理解させるとともに、相互理解を深める人脈づくりであった。

そして、渋沢は後半生三〇年間、アメリカと日本の重要な仲介者の一人になることを決意した。一九一五年にはパナマ運河開通記念万博に出席、ウィルソン大統領と会見。一九二一年ワシントン軍縮会議に合わせて渡米し、日本人移民排斥、日米間の軋轢と葛藤の高まりとともに、渋沢は日米関係の融和に模索して、高峰譲吉らとアメリカと日本の重要な仲介者の一人になった。

渋沢は世界における日米両国の複雑な立場を感じ取り、両国の可能性と危険性の両方に思い至るようになった。日露戦争後、ニューヨークでは日本人会の三元老と呼ばれた高峰譲吉、新井領一郎、村井保固によって日本倶楽部を設立された。ポーツマス、ボストンでは日本協会が誕生して在米日本人組織が形成された。金子堅太郎が初代会長となり、B・W・フライシャーが副会長になった。メンバーは一七三人で大半は実業家であったが、学者、外交官も参加した。

渋沢も在米日本人の活動に注目し、親しき友人である彼らを支え続け、日米の実業家ネットワークを構築する時にもそれを活用した。このように、東部での日米交流は順調であり、貿易額を増え続けたが、西部では同じ国とは思えないほど事情は異なったのである。

排日移民法に対する世論工作

カリフォルニア州における排日の動きは緩和されず、州議会には日本人移民の土地所有禁止を意図した外国人土地法案が提出されるまでに至った。事態を憂慮した渋沢は、中野武営東京商業会議所会頭、ジャーナリストでもある島田三郎衆議院議員などとともに、同法案は「在加州同胞の利権を採掘するのみならず、日米条約の精神に背反する不法の法案なり」との観点から、一九二二（大正一一）年四月一五日、同法案の成立阻止を目的として、挙国一致してカリフォルニア州議会に反省を求める必要があると判断し、一〇〇名ほどの有力な実業人を中心とする日米同志会を組織した。渋沢は自ら同会長の職に任じたのである。

渋沢は、中野とともに同年四月二六日、帝国ホテルにおいてUP通信社、ロイター社、ニューヨーク・ヘラルド社といったメディア関係者を招き、排日問題に関する意見交換会を開催した。その際に、渋沢は日米関係の緊密化、貿易の発展という希望がカリフォルニア州の排日的態度によって妨げられることははなはだしいと述べ、日本の真意をアメリカ国民に伝え、日米両国間の誤解を解消するよう協力を求めている。

また、サンフランシスコの「日米時事」の広報活動、一カ月に講演会の開催など相互理解の推進、日米同志会の米側委員などを通じてのアメリカ世論への働きかけといった国民外交展開にもかかわらず、アメリカにおける日本人移民排斥問題は解決への道が開けなかった。そんな閉塞状況に陥った際に、渋沢が問題解決の切り札と見做したのが、日米両政府に連合高等委員会の設置であった。しかしこの案にアメリカは乗らず頓挫した。

アメリカのマスコミで開戦直前まで、日本に好意的な報道をしたのは、渋沢と親しい『ヘラルド・トリビューン』のフライシャーであった。当時、彼は「近衛首相はルーズベルトとの太平洋上会談を提案した」と最初に報じた。

日本政府は民間の支持を必要とする時は、常に渋沢の支援を求めた。渋沢自身も、数多くの社会事業、国際団体、平和団体に関与するにつれ、民間外交の責任者として自負するに至った。日米関係について「万一争が起こったら、それは自分が悪いのだと思う」という気持ちにまでなっていた。

以上の結果から判断する限り、渋沢の宿願は実らないままに、一九二四年のアメリカ議会によるいわゆる排日移民法の制定に至った。渋沢の国民外交は西部地区では結果的に実らなかったのである。

日米葛藤を和らげた人形交流

一九二四年、ギューリックらの活動や国務省の反対にもかかわらず、東欧・南欧からの移民の制限を目的とする法案に、日本からの移民の排斥を定めた条項を付加した法案が、通過、成立してしまう。問題は帰化不能外国人に指定されたことである。

日本国内ではこの法律を「排日移民法」と呼び、各地で反米集会が開かれ、日米関係は急速に悪化した。日本国民に一等国になったという自負心が、移民法でアメリカへの入国に適さないアジア諸国の一国として分類されたことが、日本人に耐えがたい屈辱を与えたのである。一方ギューリックはアメリカ司法省から、親日的活動の熱心さに疑念を抱かれ、日本政府から資金援助を受けて行動している容疑であった。

しかし、ギューリックは日米関係を再び良好なものにしようと奮い立った。国際正義に反するものには、いかに実現が困難であっても、沈黙してはならないという信念であった。

アメリカ人に、移民法によっていかに日本人が傷ついているかといった事態の経過を説明し、日本に割当枠を与えることの必要性を説くパンフレットを作成し、移民法修正活動を行ったが、いったん傾いた形勢は変えられなかった。

このように、アメリカ側の非を指摘するギューリックは、日本の良き理解者であったが、しかしギューリックの見解が遂に、アメリカ言論界の主流にはならなかった。

日米人形交換

日本ではアメリカでの移民排斥に憤る声があったものの、親米の空気は損なわれていなかった。財界の指導者・渋沢栄一は積極的にアメリカとの民間交流を支援し、良好な日米関係を守ろうと努めた。渋沢とギューリックとはそのために連絡を取り合った。

しかし、一九二四年の「絶対的排日移民法」は、これは連邦法である。つまり、アメリカは国家として、実質的に日本人の移民に扉を閉ざしたのである。

そのため、ギューリックはより一般的な日米友好活動へとシフトしていった。一九二三年に、ニューヨークの米日関係委員会幹事が中心となって組織した世界児童親善会が設立された。全アメリカの少年、少女団体や教会の日曜学校などに呼びかけて、日米友好のために、「青い目の人形」を贈ろうと呼びかけた。同時に、この計画をギューリックは友人である渋沢栄一に人形贈呈の提案を持ちかけたのである。渋沢は受け入れのために日本国際児童親善会を設立し、日本政府にも働きかけた。その結果、外務省はアメリカから送られて来る人形への関税を免除、文部省は人形を全国に配付することを受け持った。一九二七（昭和二）年三月三日、郵船会社五社の協力を得て、人形が日本の港に到着した。当時の資料が『渋沢栄一伝記資料』に残っている。

詳しくは第五章で触れるが、日本からの答礼人形は、渋沢らの呼びかけで、皇室御下賜の一体を加えた五八体の市松人形がクリスマスに間に合うように、一一月に横浜港を出港し、一一月末にサンフランシスコに到着し、同市、および、対岸のオークランド市、バークレイ市で盛大な歓迎会が催された。

第四章　日米を祖国にした科学者・実業家の高峰譲吉

ワシントン・ポトマック河畔の桜

高峰譲吉（一八五四〜一九二二）は二〇世紀初頭の世界をリードした化学者であり、近代資本主義発展の鍵である技術・製品開発と産業振興を推進した数少ない日本人である。さらに巨額の富を手にし、第三章で述べたように日米友好のため、民間経済外交を展開した中心人物でもあった。

明治の日本人は、高峰譲吉に限らず愛国心旺盛で、熱い希望に燃えていた。欧米先進国を目標として、新しい国家づくりに不撓不屈の精神で挑戦した。中でも高峰譲吉は日米両国に基盤をおき、極めて顕著な業績を残した。そして日米親善に尽くした証は、一世紀を経て、ワシントン・ポトマック河畔で咲き誇る桜の木である。すっかり春の風物詩となったが、高峰の浄財が寄贈されてから、昨年（二〇一二年）は一〇〇周年にあたる記念の年である。

さかのぼること、一九〇九年四月、**ウイリアム・タフト**が第二七代大統領に就任すると、大統領夫人のヘレン・タフトは、ポトマック埋め立て地域の新しい公園に、桜の優雅な景観を移植する計画に賛同し、民間からの苗木提供を受け入れるなど、積極的な活動を推進する。

このポトマックの桜植樹にいち早く協力を申し入れたのが、当時、ニューヨークに在住していた高峰譲吉であった。ファーストレディー・タフト夫人を訪ねて、東京市から二〇〇〇本の桜の苗木を寄贈することを約束したのである。

そして高峰は、日本の外交ルートを通じて、東京市長の尾崎行雄に協力を要請した。尾崎は、日米親善のために桜の寄贈を決定すると、早速、一九〇九（明治四二）年一一月には二〇〇〇本の桜木を横浜港からワシントンに向けて送った。しかし桜の苗木は病害虫に食われ、病気に犯されていて破棄せざるを得なかった。

高峰譲吉

日米親善の桜が大失敗に終わったという事実を知った高峰と尾崎市長は、タフト大統領に向けて謝罪文を送るとともに、再び桜木を贈ることを約束する。そして、無害虫の桜の苗木を育てるために、綿密な計画が練られ、東京足立区にある荒川堤の桜から取った穂木を、兵庫県東野村の台木に接ぎ木をし、それを静岡県興津にある興津園芸試験場に移して、完全に健康な苗木を育てたのである。

こうしてソメイヨシノを中心とした一二種の桜、三〇二〇本の桜の苗木が阿波丸に積み込まれ、一九一二年二月一四日に横浜港を出航し、シアトルからは農務省差し向けの冷蔵貨車に乗せられ、大陸を横断してワシントンに到着したのは三月二六日、到着と同時に、農務省による苗木の検疫検査が行われ、すべて健康な苗木であることが確認された。そして翌二七日の午後、植樹式が行われた。

日本から桜を贈られたのはワシントンだけでなく、ニューヨークにも贈られた。一九一二年の四月には、ハドソン河に臨むグラント将軍の墓所に数百本の桜が植えられ、高峰讓吉も参列した大規模な桜の植付け式が行われている。グラント将軍の墓所が選ばれた理由は、一八七九（明治一二）年にグラント将軍が日本を訪問、アメリカの大統領経験者として最初に日本を訪れた人となったことによる。同時に、ニューヨークのセントラルパークにも相当数の桜が植えられた。

このように日米親善の象徴ともいえるポトマック河畔の桜は表面的贈り主は東京市長の尾崎行雄であるが、高峰讓吉はすべての費用を負担し、浄財を提供した功労者なのである。アメリカからは感謝のしるしとして、一九一五（大正四）年に日本へハナミズキが贈られた。

ウィリアム・タフト（一八五七〜一九三〇）
オハイオ州シンシナティで生まれる。父アルフォンゾは成功した弁護士であり、グラント政権で陸軍長官と司法長官を務めている。タフトはイェール大学を次席で卒業後、シンシナティ大学ロー・スクールで法律を学んだ。法曹界に入り、ハミルトン郡の検事補を経てシンシナティの上級裁判所判事や検察官、連邦巡回裁判所判事を歴任した。セオドア・ルーズベルト大統領時の陸軍長官。一九〇八年の第二七代大統領になる。

アメリカを研究拠点に選ぶ

高峰讓吉は一八七九年、工部大学（現在の東京大学工学部）応用化学科を卒業し、翌年イギリスに留学、帰国後、一八八三年、農商務省に入った。特許制度に関心のあった高峰は、アメリカ出張の際にワシントンに立ち寄り、特許制度を調査したところ、これが後に高橋是清専売特許局長に認められ、一八八六年、専売特許局次長に任命された。一方、彼は農商務省に在職中、醸造、和紙、製藍などの研究も幅広く行っており、一八八八年に農商務省を退職した後は研究などに没頭した。

一八九〇年には、元麹とこれを使った醸造法の改良に成功し、特許権を得た。一八九二年には高峰式のウイスキー製造実験にも成功した。この醸造法が、アメリカのアルコール製造会社に採用されたことを契機に渡米した。そして同地で消化剤であるジアスターゼの製造方法を発明し、多数の特許を得た。

当時、副賢皮質ホルモンであるアドレナリンの作用効果についての研究が世界各地で行われ、その効用については明らかになりつつあったが、これを臨床的に使用するためには純粋な形での分離が必要であった。

高峰は、純粋なアドレナリンの製法を発明した（詳細は後述する）。これを陰で支え続けた研究助手の上中啓三の功労があった。ドイツのフユルトやパウリらの論文によって学問的にアドレナリンの評価が確定するのは、一九〇三年になってからであった。またアメリカ政府への特許も、この年の二月には承認される。

このように、高峰譲吉は日本で学問の基礎を学び、イギリスで実験、実習し、アメリカで近代資本主義発展の根幹である科学技術による製品開発をやり遂げた最初の日本人である。欧米の資本家経営者が成し遂げたように、研究開発を産業と結びつけて、巨大な富を生むことを実証して見せたのである。三共の初代社長にして、二〇世紀初頭の世界をリードした高峰は、官僚、科学者、実業家そして、良好な日米関係構築のため、晩年には私財を投入して「親善特使」となり民間外交を推進した。すなわち四つの顔をもった国家の功労者であった。アメリカ人・キャロラインと国際結婚し、日米の融和に尽力した国際人でもある。その独創を支えたのは、粘り強い知的探究心と、臆することなく挑戦する実業家の姿である。それは国際的ベンチャービジネスの元祖といえるものだった。

日本人の独創的な研究成果は、まず海外で評価され、逆輸入の形で日本に入ってくる。この先陣を切ったのが高峰譲吉である。この方式は莫大な研究投資、試作費を要する製品開発にはやむを得ない結論であった。アメリカで成功した日本人が母国に科学技術を持ち帰ったわけである。明治の文明開化をリードした下級武士層に共通するのは、日本人としての「志の高さ」と新時代を自分たちで切り開こうとする覚悟と誇りである。まさに高峰はその気骨と高い志を世界に示したのである。

英語教育は幼少時から受ける

高峰譲吉はどのように育ったか、その幼少期から青年期の足跡を見てみよう。高峰譲吉は、町医者・高峰精一の長子として一八五四（安政元）年一一月三日、富山県高岡市の御馬出町に生まれた。翌年、父の精一が藩主前田斉泰に召し出されて御典医となったために、金沢の城下、堤町に移った。高峰は、幼くして明倫堂（加賀藩校）に入り、才を見込まれて長崎の「致遠館《ちえんかん》」という英学校に留学する。大隈重信、副島種臣らが中心になって設立された学校で、フルベッキが校長、副島種臣が学監であった。地元長崎、佐賀はもとより藩や階層、年齢を問わずに受け入れたので、最盛期は一〇〇人を超える生徒が学んでいた。致遠館では横井小楠の甥や岩倉具視の息子も学び、高峰譲吉の他、山梨県知事・農商務次官を務めた前田正名らが巣立っている。高峰はその頃まだ一四歳であったが、次第に窮理（物理学）、舎密（化学）に興味を持ち始め、その教育を受けることを望んでいた。一八六九（明治二）年、故郷に近い七尾に英学校が開設されたので、呼び戻された。藩のお抱え教師オズボーンから英語を学んだが、残念ながらオズボーンの任期切れで、翌年、英学校は閉鎖となる。

次なる進路として、高峰は大阪で医学を修める傍ら、舎密学校でドイツ人・リッテルに師事して化学を勉強する道を選ぶ。高峰はここで、医学ではなく、化学の道に進むことを決めたといわれる。「医学が救うのは一人ひとりの患者だが、化学は万人を救う」という思いが強くなったのである。

工部大学校で化学技術の基本を学ぶ

工部省はこの国を農業社会から工業社会へと転換すべく、最初に創られた中央官庁であった。初代のトップ「工部卿」は伊藤博文（当時二九歳）である。一八七〇年の設置である。「工学を開明し、育工を奨励し、工産を繁盛せしむる」つまり殖産興業が大目標であった。この工部省は、鉱山、鉄道、造船、製鉄などの名を冠した一〇寮から構成されていた。「寮」とは現在の中央官庁における「局」にほぼ相当する。「工学寮」もこの一つである。

学問として電気の研究開発の黎明期に、明治新政府は日本人の技術者を早期に養成して、西洋諸国に追いつくために、一八七三年、工部省の中に工学校を設置し、官費で自然科学と日本伝統の職人芸を結びつけるため、イギリスのグラスゴー大学に教師の派遣依頼したところ、当時二五歳の新進気鋭な**ヘンリー・ダイヤー**が来日した。

初めからダイヤーの発想は斬新さ、先進的構想をもっており、高等教育機関・大学で技術者教育を企画、実施した結果、日本の産業技術の近代化は、驚異的スピードで推進された。

工部省は、官営工場（東京・赤羽）、官営鉱山（兵庫・生野）、官営造船所（神奈川・横須賀）などを先に作っていた。そのあとダイヤーは一八七三（明治六）年六月に来日、八人の仲間とともに、二カ月後の同年八月、工部省に工部大学校が正式に開校した。

高峰はダイヤーより六歳下の一九歳であるから、ダイヤーは師というよりは兄貴分であった。講師陣の中の最年長、E・ダイバースにしても三六歳、まさに少壮気鋭というべき陣容であった。

J・ペリー（土木）、J・コンドル（道家学＝建築）、W・エアトン（電信）、E・ダイバース（実地化学・ただし彼は医学博士）、J・ミルン（鉱山・地質）、R・マーシャル（数学・理学）がその顔ぶれである。英文学を講ずるクレーギーも含まれていた。

講義はすべて英語の教科書であった。その英語の講義が聞きとれなくて、学生たちは相当に音をあげている。ただし、高峰の語学力は抜群であったようだ。外国語の習得に最も適した少年期を外国人と一緒に暮らす体験を、長崎でしている。さらに大阪の舎密局でもリッチルから化学実験の手ほどきを直接受けている。このような豊かな実体験が、彼の英語の力を水準以上にしていたのである。工学寮第一期生として高峰譲吉と同期に入学したのは三二人、いずれも官費支給の学生たちである。譲吉と同じ応用化学科を選んだのはこのうちの六人であった。三二人全員が寄宿舎生活である。

一八七七年一月には、工部大学校の機構を改革して、六年制の学校となった。最初の二年間は「予科」であり、専門課程へ進むのに必要な英語力がまず鍛えられた。物理や化学などの基礎科目が教えられた。次の二年間が専門科目の学習である。ただし、この学校では「校中修学と実地修行」の両方に等分のウエートが置かれていた。そして最後の二年間は、専門分野での「実地学」が主体である。全国各地の官営工場での実地研修であった。

工部大学校の学科編成は、はじめ土木・機械・通信・造家（建築）・実地化学（応用化学）・鉱山・冶金の七学科で構成されたが、一八八二年には造船学科が増加され、通信学科は一八八四年に電気学科と改名されたが、校長ダイヤーの基本構想を基にして、近年に至るまで日本における、工学系大学教育の基本的学科編成として、受け継がれた。

工部大学校は一八八六年、東京大学の工芸学部と合併して、帝国大学工科大学の母体となる。ダイヤーの滞日期間は足掛け一〇年であったが、ダイヤーは日本の工学教育の生みの親と呼ぶべき人物で、その功績によって、イギリスへ帰国して二〇年後の、一九〇二年に東京帝国大学は、第一号名誉教師の称号を贈って、彼の功労を顕彰している。

ヘンリー・ダイヤー（一八四八～一九一八）
イギリス・グラスゴー出身。一八七三年六月、二五歳の若さで工部大学校の都検（教頭）に赴任した。土木、機械、造家、電信、化学、冶金、鉱山の七工学科目の理論教育と実践教育をともに行う総合的な工科大学構想は、欧米でもいまだ前例のない画期的なものであった。教育プログラムの策定に始まり、諸々の教育制度の確立、さらには工部大学校の虎ノ門校舎の建設まで多岐にわたった。

応用化学を実践的に修学

高峰自身は、東京・品川に新設中の官営ガラス製造工場で「煙突づくり」に参加している。ガラス製造は当時のわが国では先端技術の一つであった。

学理の習得と実地研修とを等分に重視する教育方針は、ダイヤー自身によって導入されたものである。しかしこのような教育方針は、当時、ヨーロッパの先進諸国でも極めて稀であった。ドイツ・フランスなどの大学は理論に重点を置き、実践は軽視していた。他方、イギリスでは実践的訓練のみを重視して、理論的・体系的な教育はなされていなかった。ダイヤーはヨーロッパ各国におけるこうした一長一短を、日本において改めようとしたのである。新しい工学教育の「統合モデル」を新興国の日本で試行してみたのであった。

工学寮が発足するのと同じ時期、一八七三（明治六）年、これとは別の高等教育機関として「開成学校」が創設され、ここでも理工系の専門教育が始まっている。しかし幕府の昌平黌（儒学の高等教育機関）に源を発するこの開成学校では、学理教育のみが重視され、実地研修はほとんどかえりみられていない。ダイヤーはこう指摘している。「万事を書物からのみ学ぶことに憧れ、それよりはるかに重要な、実際の観察とか経験とかを無視しがちな日本人」に対しては、とりわけ実地研修が大切だと。この工学教育は成功であった。まず日本において、短い年月のうちに優秀な人材を輩出させる上で成功した。加えて、この成功事例はヨーロッパの先進国でも注目された。一八七七年『ネイチャー』誌はこれを紹介して高く評価、のちにイギリスでの技術者教育のあり方に少なからぬ影響を及ぼしている。

ダイヤーは教育の方法論に限らず、工学教育全般についても高い理念をもっていた。それは譲吉ら第一期生（二三人）に向けての卒業講演一八七九年によって知ることができる。彼はこう言っている。

「エンジニアは貢の革命家でなければならない」。「諸君は自分自身のためだけに存在するのではなく、社会のために存在していることを忘れてはならない」。

そのためには、ただ専門分野の学問、知識に精通するだけでは不十分であって、早くから人文科学や芸術にも関心をもたねばならない。「諸君が文学や哲学、芸術、その他、専門職には直接役立たない諸学問に対して、まったく門外漢であったならば、多くの専門的職業人につきまとう偏狭さ、偏見、激情から逃れることは不可能……」と。

工学寮の教育陣の一人に英文学を講ずるクレーギーを連れてきていたことも、おそらく彼のこうした理念に基づくものであったろう。

高峰は一八七九年、応用化学科のトップで卒業した。卒業論文は「石油について」であった。全校で成績優秀者一一人が海外留学を命じられた。高峰譲吉もその一人で、その時二五歳であった。

イギリスへ留学後、肥料会社を興す

一八八〇年二月九日、フランス船・ボルガ号で一一人の留学生はヨーロッパに向けて旅立った。そのうち、高峰を含め四人がイギリスのグラスゴーをめざした。グラスゴーは高峰らが工部大学校時の恩師、ダイヤー教授の出身地であることも影響したと思われる。留学三年間のカリキュラムでも、各地の工場での実地修業が大きな比重を占めていた。最初の一年半をグラスゴーで、次の一年半はニューカッスル、ロンドンとマンチェスターに滞在した。高峰はニューカッスルでは人造肥料（リン酸肥料）の工場で実習をした。高峰の脳裏には、欧米に大きく遅れた日本の化学工業をいち早く立ち上げるという使命感がついて回っていたのである。帰路はイギリスから大西洋を渡って、米大陸を横断し、サンフランシスコからアラビック号で帰ってきた。

帰国後、官費留学であったから、当然官僚として農商務省に職を得た。まず高峰は肥料による日本農業の改良が必要であると考えた。単に日本の土壌にあった肥料を探究するだけでなく、自らがイギリスでの実習を生かして、肥料の大量生産を思い立つのである。

官の指導や援助よりも技術を浸透させて、実際の農業を変えていくには、企業の活動の方が早いと考え、行動に移した。高峰はアメリカのチャールストンから、燐酸肥料の実物（過燐酸石灰）六トンとその原料となる燐鉱石四トンをすでに自費で調達し、日本に持ち帰っていた。そして三井物産の益田孝と渋沢栄一の賛同と助言を受けて、一八八七（明治二〇）年に、東京人造肥料会社が設立された。資本金二五万円で、工場は東京深川釜屋堀（現在の江東区大島一丁目）で用地は二一二〇坪で、肥料工場は二棟、試験室一棟、倉庫一棟であった。この会社は日本の肥料工業の先駆けとなった。高峰は農商務省を退職し、新会社の技師長兼製造部長となり、実質上のトップになった。そして、工場の近くに自宅を設けた。

高峰は、一八八四年にニューオリンズ万博で生涯の伴侶となるキャロライン・ヒッチ嬢と出会う。キャロラインの父は当地の名家で造幣局長を務めていた。二人は一八八七年アメリカにおいて結婚式をあげた。当時としては極めて先進的な国際結婚である。二人の結婚に積極的に賛成したのは後にビジネスパートナーとなる母親のマリーであった。

日本在住中に二人の息子、ジョーとエーベンが東京で生まれ、日本の生活にも慣れてきた。しかし、高峰は自分の製造技術で創った会社でありながら、一八九〇年、渋沢と益田に突然退社を申し出て、夫人のキャロライン・家族を伴ってアメリカへ移住したのである。

肥料会社の業績が軌道に乗るのは設立後四年の一八九二年であり、一時は、渋沢栄一らは高峰の行動に、不信感をもった。しかし、高峰がアメリカ行きを決断したのには、他に理由があった。「アルコール発酵法」をアメリカで実験することであった。高峰には次の夢が勝ったのである。

タカヂアスターゼの開発に成功

高峰はすでに日本で、肥料工場に隣接して「私設製薬所」をつくり、肥料工場の運営をやりながら、次のテーマであったアルコール発酵に関する研究を行っていた。ウイスキーづくりの工程に麹菌醸造（アルコール発酵）方法を適用することであった。一八九〇年には高峰式元麹改良法で特許をとった。これがきっかけとなって、高峰は今日の日米間にある技術摩擦や貿易摩擦の原型ともいえる波瀾万丈の経験をすることになる。

日本酒は、でんぷんを糖化するのに麹を使う。一方、ウイスキーは大麦のモヤシにあたる麦芽（モルト）を利用する。この麦芽づくりは時間も手間も費用もかかるし、製造可能な季節も限定される。麹ならいつでも手軽に作れ、生産効率は格段に上がる。ウィスキー製造にあたってモルト方式（アルコール濃度数パーセント）をやめて、麹方式（アルコール濃度一二パーセント）に代替えできないか、そのキーワードが「種麹」

の改良による「元麹改良法」であった。

アメリカの有力なウイスキー・トラストからの招きで、高峰式ウイスキー醸造法の確立のためにアメリカでの研究活動が始まった。しかし障害を乗り越えながら、高峰は自ら設立した「タカミネ・ファーメント社」という小さな研究開発型企業を経由して、特許料収入を管理することにした。だが、技術的には成功しながら、モルト業者の反発・妨害、ウイスキートラストの内紛など新技術導入に伴う摩擦に遭い、地元のモルト業者の妨害は執拗であったことから、事業は頓挫を余儀なくされるのである。

収入の道を断たれ、挫折にもめげず研究を続けたことが、タカヂアスターゼという消化酵素の発見につながった。タカヂアスターゼは胃腸薬の商標名である。胃の具合を悪くした時に消化を助けてくれる薬である。タカヂアスターゼの「タカ」高峰の「タカ」とギリシャ語の「強い」という意味を兼ねたものである。高峰が「タカヂアスターゼ」の特許を出願したのは一八九四年のことであるが、この成功がきっかけとなって、その後、さまざまな酵素薬剤が作られるようになる。高峰が自らの研究成果を、酒（ウイスキー）づくりから薬づくりに転換させたのは一八九三～一八九四年で高峰自身の大病から立ち直る時期でもあった。一八九七年、高峰はデトロイトの医薬品会社パーク・デービス社との間で月三〇〇ドル（年額三六〇〇ドル）のコンサルタント・エンジニアとしての契約を締結し、同社はタカヂアスターゼを消化薬として商品化し、またたく間に世界に広がった。

高峰は日本での製造権、販売権だけを契約から除外した。母国日本への強い思いがそこに感じられる。そして二年後、当時二二歳であった塩原又策の三共（現在の第一三共株式会社）から製造、販売を開始した。

アドレナリンの画期的発明

高峰譲吉は一九〇〇年、東京大学から招いた上中啓三と一緒にニューヨークの高峰研究所で、当時の科学界の焦点だった昇圧や止血の作用を示す、子牛の副腎エキスの薬効成分である副腎ホルモンの純粋結晶の抽出に成功した。不眠不休ともいえる猛烈な研究生活の結果だった。翌年「アドレナリン」の名で特許を取得した。

科学的にも、医薬品としての可能性でも、タカヂアスターゼを上回る画期的な成果である。劇的な治療効果をもつホルモンが、純粋な化学物質・薬品として初めて商品化されたのである。この成功は高峰譲吉の名前とともに、全世界をかけめぐった。

その後の実験と研究の結果、アドレナリンが初めて学術的に公表されたのは、純粋抽出に成功した年の秋、高峰譲吉のジョンズ・ホプキンス大学での講演であった。

その講演の内容は、フィラデルフィア薬学校の機関誌によって、内外に発表された。殊に医学界を驚かせたのは、アドレナリンの治療上の効果であった。これまでの副腎エキスの製剤は、その治療上の効果は一対一でしかなかったが、譲吉が抽出に成功したアドレナリンは、なんと一対二〇〇倍の効果を発揮したのである。

病理学的あるいは生理学的な実験において、さらにその治療上の効果を確かめた高峰は、最終的な報告として、ニューヨークの医学界で発表した。ドイツのストラスブルグ衛生試験所のフェルト博士らライバルだった世界の学者たちも、高峰の発見を祝福した。

アドレナリンが、その後の医学界に与えた効果というか、影響は、極めて大きいものがあった。治療上でいえば、内科、外科、耳鼻咽喉科、眼科、皮膚科などの他、歯科でも効果を発揮した。この発明は、ホルモンの最初の結晶化であり、医療上なくてはならない常用医薬の製造に寄与する業績として高く評価され、高峰は日本では一九二二（大正一一）年勲三等瑞宝章を受けた。

特許料収入で大資産家になる

アドレナリンの発見を契機に、高峰譲吉は特許料の収入などで一躍、資産家になる。高峰はタカヂアスターゼやアドレナリンの特許収入が入り、巨万の富を得た。そこで、まず手に入れたのはマンハッタンから北東に百数十キロ、車で二時間ほどのサリバン郡メリーワルド・パークにある二千エーカー（約二四〇万坪、八〇〇万平方メートル）の山林で湖や滝まである広壮なものであった。そこは由緒ある広大な別荘地で、当時ニューヨークで活躍していた財界人や政治家、大学教授などの有名人が夏の別荘を持っていた。

日本政府は一九〇四（明治三七）年は、日露戦争が勃発した年、日露戦争による財政難を押し切って大英断をもってセントルイスの万国博覧会に参加した。その時、メインパビリオンとして、明治政府は国力を挙げ、日本庭園と藤原時代風の寝殿造りの九一坪の木造の瀟洒な建物「鳳凰殿」を建てた。開国以来初めて日本文化の粋を欧米に紹介する象徴的な役割を担うもので、京都御所の紫宸殿や清涼殿をも摸して建てられた。しかし、万国博が閉幕から翌年春まで、日露戦争の最中で、日本政府は取り壊し費用の工面ができない状態であった。高峰がメインパビリオンを無償で譲り受け、購入したメリーワルド・パークに移築することを決断した。

そして一九一〇年から二年がかりで、ニューヨークはマンハッタンのリバーサイドに、内部に日本的な建築様式をふんだんに盛り込んだ豪邸が移築された。正面玄関には千鳥破風の屋根がついていて、一見神社と見間違うような建物が、一世紀を経た今も現存している。「松楓館」は工部大学校元校長であった大鳥圭介によって命名された。

庭園は専任の庭師を日本から呼び寄せられ、松と楓以外の木はすべて伐採し、手作りの石灯籠が置かれた。建物内部のデザインは、京都高等工芸学校教授の牧野克次らが担当した。壁面をおおう厚い金箔の地に日本画家の描いた松と楓の絵がシンボルとなった。

日露戦争後ニューヨークに日本倶楽部、日本協会、紐育日本人会が相次いで設立されたこともあり、高峰譲吉が意図した通り、日米の政財界の要人や学者たちが集う場となり、そして日本の民間迎賓館となった。

注目すべきは、高峰の「個人資産」で、当時のお金で三〇〇〇ドル、現在の日本円に直すと約六兆円にも上るという。日本で特許局局長代理も務めただけに、知的所有権への関心は深く、研究成果は必ず特許を取得したため、研究開発の関連特許だけでこれだけの財をなしたとすれば、まさに知で財をなした桁はずれの資産家であった。

日本のパートナーは三共の塩原又策

三共は現在日本を代表する製薬会社（第一三共）であるが、高峰は創業者ではないが、四九歳の時、初代社長を務めた。創業者はその時二五歳の塩原又策である。三共成長の牽引車になったのはタカジアスターゼの独占販売権であった。

高峰は実利に重きを置く実業家として、塩原を相棒に選んだのである。タカジアスターゼに次いでアドレナリンの販売権も、譲吉は塩原に与える。さらにパーク・デイビス社の薬品全般の日本総代理店の権利も、高峰を介して塩原は獲得する。

「三共」は最初、塩原の個人商店として発足した。やがて「合資会社」となり、大正期に入って「株式会社」へと改組していく。創業した年の利益約二〇〇〇円が、一二年後（明治末期）には年間一五万円にまで成長している。この間、高峰と塩原との関係は、ほぼイコール・パートナーに近い。おそらく三共側の利益とほぼ同額の利益が、譲吉の側にも支払われていたと考えられる。明治末にもなると、塩原は新薬の単なる輸入販売業から、薬の本格的な製造業に脱皮したいと望んでいた。合資会社から株式会社（資本金二〇〇万円）への改組も、そのための布石だったようだ。

一九一二（大正元）年一〇月、タカジアスターゼの国産化に関し、高峰と塩原との間で、ある「協定」が交わされている。

「近き将来、二人の共営事業として、製造所を設ける。譲吉が製造発明権および商標権を提供。その製造と計算の監督者として上中啓三を日本に常駐させる。パーク・デイビス社には、ある定まった報酬を支払う。この共営事業からの利益金は高峰・塩原で等分する」などが取り決められている。

塩原はこの時、譲吉に対して二〇万円相当の新会社の株を贈っている。おそらく、高峰側の提供する「製造発明権」および「商標権」などに対する代償であったろう。

その新会社は翌一九一三年三月に発足し、新会社の株主には高峰の縁で、渋沢栄一、益田孝、大倉喜八郎、藤原銀次郎など財界の大物たちが顔を並べている。長井長義、鈴木梅太郎、北里柴三郎、高松豊吉らの学者たちも入っている。そして塩原の関係では、武田長兵衛、塩野義三郎ら薬品業界の代表が参画している。高峰譲吉が帝国学士院会員に選ばれるのも、この同じ一九一三年であった。そしてタカジアスターゼの国産化は翌一九一四年に開始された。

理化学研究所の創設を主導

「理化学研究所」の創設にあたって、その最初の口火を切ったのは高峰であった。「基金一千万円規模の国民的化学研究所の創設」という提言を、彼は一九一三年に発表している。「基金一千万円」というのは当時、海軍の最新鋭戦艦一隻の建造費に相当する規模だ。この年の五月、雑誌『実業之日本』に彼はこの提言をしている。

渋沢栄一ら財界人、高松豊吉、桜井錠二らの学者（いずれも東大の一期生）が、直ちに賛意を示す。これがきっかけになって四年後に設立されたのが、「理化学研究所」だった。

譲吉の最初の提言は「化学研究所」である。しかし四年の間に物理・工学系が加わって、より総合的な形になって発足することになる。

理化学研究所は一九一七（大正六）～一九四八（昭和二三）年まで、約三十年間存続し、第二次大戦直後、

ＧＨＱ（連合軍総司令部）の命令によって解散となっている。しかし戦前、この研究所からの成果はめざましかった。軍事技術の成果もさることながら、一般産業界へも少なからず影響を与えている。略して「理研」と呼ばれ、研究所の成功事例として、日本の近代科学史の中に大きな足跡を残すものであった。研究所を中核に、周辺には「理研産業団（コンツェルン）」と呼ばれる六十余社の企業集団が形成された。これが敗戦後、ＧＨＱによって注目され、財閥解体の対象とされたのだった。

ニューヨークに日米友好団体の設立

日露戦争後、満州における権益をめぐって、日米関係の葛藤が始まり、特に経済面での対立要因が顕在化してきた。渋沢栄一は高峰譲吉と連携の上で、経済交流を中心とした民間外交に尽力することになる。

当時は日米間の人的交流が乏しく、相互理解がなかなか進まなかった。一つは言語の壁である。英語の堪能な在米日本人は極めて少なかったし、アメリカ人で日本語を読み書きできる者は皆無に近かった。経済界でも渋沢栄一ら日本の有力実業家による訪米団の効果をあげ、アメリカ実業界との交流を促進するためには、在ニューヨークの日本人の活動支援が欠かせなかった。そしてその中心になったのが、ニューヨーク財界に確固たる地歩を築いた高峰であった。

そして、日米親善を継続させるような永続的な友好団体を設立するため高峰は奔走した。日露戦争後ニューヨークに日本倶楽部、日本協会、紐育日本人会が相次いで設立されるが、高峰はその中心的存在になった。

まず日本倶楽部であるが、日本が日露戦争に勝利した結果、日本の国際的知名度はにわかに高まり、各方面の米人と社交の必要性が生じたが、個人の力に頼らない社交機関としてクラブ組織が必要であった。また経済界でも日米交流を通じて日本への関心を高めさせることが急務であった。日本倶楽部創設にあたっては、内田定槌総領事が一九〇二年、市の高級住宅地にある総領事公邸をベースにすることができた。内田は、日本倶楽部を一時のものに終わらせず長続きさせるために、創立発起人は単に個人の資格ではなく、各商社、銀行などを代表し、発起人は永久に倶楽部の維持に努力し責任をもつことを提言した。

そして倶楽部の運営の中心となったのが、ニューヨークの「御三家」「三元老」と呼ばれた高峰譲吉、新井領一郎、**村井保固**の三人であった。

新井領一郎は後述するライシャワー夫人の祖父で、生糸貿易で財を成した実業家である。

このように、日本倶楽部は日本人のためでなく、そこでアメリカ人と交歓できる場となったのである。また日本人ビジネスマンの大多数は家族を同伴せずに渡米してきており、したがってアメリカ人のように家庭で接待することができない。その役割を代行する役割を果たしたのである。

一九〇五年三月一五日、日本倶楽部が正式に設立された。創立当初の主要なメンバーは、横浜正金銀行、三井物産、森村組、森村新井商会、山中商会、堀越商会、高田商会、大倉組、高木商会日本綿花、古谷商会、京都工商、赤尾商会、茂木桃井組など法人とその他個人で、約八〇会員であった。

続いて、一九〇七年に日本協会がアメリカ人と日本人との人格接触と相互の理解を助長する組織として設立された。ジョン・H・フィンレイ・ニューヨーク大学総長が会長に、高峰が副会長となった。アメリカ経済界の有力者が数多く会員になり、政治・経済・文化などの多方面で、アメリカ人に日本を紹介するとともに人的交流の輪を広げる重要な役割を果たした。

その他、高峰は、アメリカにおいて日本の経済・財政事情に関する広報機関を設置する必要性を感じ、伊藤博文や渋沢栄一の賛同を得て一九一一年に『東洋経済評論』を創刊した。

さらに、紐育日本人会は一九一四年に組織された。高峰は初代会長に選ばれ、一ノ宮清太郎（横浜正金銀行紐育支店長）、世古孝之助（三井物産）、高見豊彦博士ら有力者の協力を受け、四期会長を務めた。

紐育日本人会ができた背景は、同市の日本人社会が大きく発展したばかりでなく、一九〇六年、サンフランシスコでの日本人学童隔離問題に始まった排日運動の増大に危惧の念を抱いたためであった。日米両国政府や民間外交の努力にもかかわらず、なかなか鎮静化せず、東部の日本人に不安と焦慮を与え、自己防衛のみならず日本人の地位向上のために組織強化の必要を感じさせたのである。

村井保固（一八五四～一九三六）
愛媛県出身。松山英学所を経て、慶應義塾に学ぶ。福沢諭吉の推薦で貿易商社森村組にはいり、ニューヨーク支店に勤務。一九〇四（明治三七）年森村市左衛門、大倉孫兵衛らと日本陶器（現ノリタケ）を創業。ニューヨークに滞在し、陶磁器食器の製造と輸出に努める。育英・社会事業にも尽くした。

アメリカの財界人との交流

高峰は日本倶楽部、日本協会、紐育日本人会の中核の幹部となり、積極的に日米間の親善外交に尽力した。

その舞台は前述したマンハッタンから一〇〇マイル離れたメリーワールド・パークの別邸松楓殿であった。

高峰はアメリカ各界の有力者を招き、茶会、晩餐会などを催した。特に日露戦争時、アメリカへ派遣され金子堅太郎を主賓とし、一九〇五年五月リバーサイドの邸宅で百数十名規模のパーティーを開催した。また一九一五年渋沢栄一が率いる渡米団が、来米した時は、自宅のみならずロータス・クラブにてジョン・F・モルガン、ジョン・D・ロックフェラーなど財界の大物をはじめ、政界・教育界・科学者・言論界などの有力者を数十名集めた。

このような高峰の活動を支えたのはキャロライン・ヒッチ夫人の存在が大きい。彼女の社交性や環境順応能力が高峰のニューヨークの社交界での地位を高くさせた。外交の舞台において外交官夫人の果たす役割が大きいことはすでに明らかであるが、一九世紀後半から二〇世紀初頭においてアメリカでの日本人の地位は低く、名門の出のヒッチ夫人の人柄と高峰の活動は不可欠であった。

金子堅太郎（一八五三〜一九四二）
福岡生まれ。父は福岡藩士。藩校修猷館で学んだ後、一八七一年渡米。ハーバード大学で法律学を修める。一八八〇年、元老院に出仕。権大書記官、首相秘書官などを務め、明治憲法の草案起草に参画。一八九〇年、貴族院書記官長、第三次伊藤内閣農商務相、第四次伊藤内閣司法相を歴任した。日露開戦時アメリカに派遣され外交工作にあたる。

民間経済外交の限界

高峰譲吉は、発明家・化学者として世界的に知名度が高く、実業家としても一流でありアメリカ通で人脈も豊富である。このようにアメリカでの実績を背景にした彼の地位・名声・資産が民間経済外交を推進するにあたって説得力をもったのである。

なぜ、高峰個人が後半生、日米民間経済外交に尽力することになったのか、その動機は明確にされていないが、高峰のその後の行動を見ると明らかになる。高峰は一九一七（大正六）年帰朝した際、日米親善に関する方策につき意見書を各方面に提出した。

主な項目は、①対米非公的外交資金の予算をとること、②北米の世論を導引するための適当な公刊物を発行すること、③アメリカ人との交際機関を設けること、④現在の邦文新聞を利用すること、⑤通信の交換機関を設けること、⑥政府は日本の名士を時々派遣して国交の周密を計ること、⑦政府は日本に有利な紹介者を優遇する途を設けることなどで、要望だけでなくその具体的な方策が述べられていた。

高峰が日本の政界・財界の有力な者と緊密な連絡をとりあい、ニューヨークにおいて民間経済外交の「在米大使館」の役割を果たした点である。実業界では渋沢栄一、益田孝等と特に懇意であった。これは、一八八七（明治二〇）年人造肥料会社を設立するにあたり支援を受けたためだが、実業家ばかりでなく、政治家、学者の間に広い人脈を有していた。

しかし、残念ながら軍人のパイプは細く、情報が少なかったことである。そのため軍部主導で、大東亜戦争への道が敷かれたことで、高峰らの努力は報われずに終わった。

しかし挫折はしたが日米親善に尽力しようとする強い意思をもっていたことはアメリカの世論もわかっていて、一九二二年七月に二年の闘病の末に、この世を去った。高峰の死去を惜しむ報道は、その科学的業績に対する評価、社会活動への賛辞も日米両国で同時に報じられた。『ニューヨーク・タイムズ』などアメリカの新聞のいくつかは、高峰の死に際して、社説をもってその業績をたたえた。

第五章　排日運動の非を説いたシドニー・ギューリック

アメリカン・ボードの宣教師で来日

シドニー・L・ギューリック（一八六〇〜一九四五）は父ルーサーが宣教師をしていたミクロネシアのマーシャル群島のエボンで生まれた。父のルーサーはオランメル・ギューリックら日本や東洋に宣教師を送っているギューリック一族の一人である。

ルーサーは日本では横浜の関内居留地に居を構え、アメリカ聖書協会で総主事を務め、一四年間、日本で活躍した。聖書の和訳をすすめ、一八七九（明治一二）年新約聖書の委員会訳と呼ばれるものを完成させた。このアメリカ聖書協会は、現在の日本聖書協会に発展的に継続していったのである。

シドニー・ギューリック

叔父のオランメルはアメリカン・ボードの宣教師としてはD・C・グリーンに次いで一八七一年に二番目に来日した。そして神戸を本拠として、グリーンやデイヴィスと三人で活動を開始する。オランメルは当初大阪にステーションを設けるが、京都で山本覚馬に接触し、京都での伝道を試みるが、山本は医療施設の併設を条件に乗り気であったが、伝道そのものに障害が大きく不調に終わった。オランメルは弟の宣教師で貝類学者、進化論学者のジョン・ギューリックを一八八一年から二年間日本に招いて、同志社の博物学教師ゲインズを通じて、日本近代貝類学の礎を築いた平瀬与一郎に影響を与えた。

このように、ギューリック一族はシドニー来日前から父や叔父が活躍していて、日本通になっていた。さて、シドニーが日本語をはじめ、語学を得意としているのは、父の仕事の関係で、幼少時よりハワイ、スペイン、イタリア、スイスそして日本と移り住んだため、各国語を自然に学ぶことができたからである。スペイン語、イタリア語、ドイツ語を理解し、フランス語も話せるというからすごい才能である。後年、渋沢栄一にシドニーの日本語は、日本人以上にきれいだと言わしめた。

シドニーはカリフォルニア州のハイスクールを卒業し、ダートマス大学で天文学を学んだ後、一八八三年に卒業し、さらに一八八六年にはニューヨークのユニオン神学校を卒業した。そして当初の目標通り、同年一一月に按手礼《あんしゅれい》を受け、牧師になった。そして、一八八七年、恩人レーゲン・メリアム・フィッシャーの娘、キャラ・メイ・フィッシャーと結婚し、アメリカン・ボードの宣教師として、日本に旅立った。結婚式の翌日からヨーロッパを経由してほぼ世界を一周し、日本に到着したのは、一八八八年一月一日であった。すでにアメリカン・ボードより派遣されて熊本で働いていた叔父のオランメル、叔母のジュリアらに合流した。熊本はL・L・ジェーンズが熊本洋学校で種をまいた「熊本バンド」のルーツの地であり、オランメル、シドニーらによってそのキリスト教伝道と研究を続け、同地には一八九六年まで滞在した。シドニーは熊本では、キリスト教の伝道と英語の教師を務めたが、学問として取り組んだのが、叔父のジョンから影響を受けた進化論であった。日常生活から日本社会の発達、社会制度を観察し、日本人の精神の特質を明らかにしようとするものである。言葉や文化、習慣などから日本人論が明確になってきた。妻のキャラは保育学を修めていたので育児を通じた幼児の成長過程が観察できた。そして、シドニーは八年間、叔父とともに熊本で研究を兼ねて働いた後、他の地域での日本人各層との接触の機会をもつため、松山に移り、一九〇四（明治三七）年まで伝道と研究を重ねた。そして今までの研究と出版が認められ、同志社大学神学部（当時は同志社神学校）で教鞭をとることになり、いったん帰国し、アメリカとドイツで研鑽した後、一九〇七年に着任した。

同志社時代のギューリック

シドニー・ギューリックは大学に近い梨木町の宣教師館に住居を構えた。隣にはゴードン未亡人が住んでいた。今は奇しくもギューリックの住まいはハワイ寮になっている。ギューリックは同志社大学神学部では組織神学を教え、大学昇格後、一般教養でも科学概論を講義した。また、正規の授業意外に、学生たちの校外文化活動に積極的に取り組み、中でも学生のコーラスグループの指導をしていた。特に賛美歌の指導に熱心で、片桐哲教授にも影響を与え、後に同志社グリークラブの誕生につながった。合唱ではテキストにイェール大学の校歌集を使用していたが、ギューリックはダートマス大学の出身であるが、イェール大学から博士号を取得していて、馴染みの曲であったという。

練習曲の中にイェール大学の校歌があり、その練習後、期せずして学生たちから「同志社にも校歌を」と所望が強く出され、そこでギューリックは、曲はイェールと同じ「ラインの守り」を借用することとし、作詞を近江八幡にいたヴォーリズに依頼して、完成したのが「同志社カレッジソング」である。

アメリカ映画『カサブランカ』（一九四二年）の中のカサブランカのカフェで同志社カレッジソングが同じメロディーの「ラインの守り」（作曲・カール・ウィルヘルム）がドイツ軍の将校たちによって斉唱される。この「ラインの守り」はドイツの統一運動のさなかに生まれた軍歌で、普仏戦争（一八七〇年）当時は、ドイツでは国歌のように愛唱された。

「ラインの守り」はドイツの生命線ライン河を守り、祖国を守れ、という単純な愛国歌であるが、過去の軍国主義を思い出させる忌まわしい歌として一般には歌われず、今やその歌詞を知るドイツ人も数少ないと言われる。

このように、シドニー・ギューリックはカレッジ・ソングの生みの親なのである。

また、ギューリックの在任中の一九一二年に同志社は大学に昇格し、政治経済部、英文科とともに神学部が設けられた。そして一九一五（大正四）年、宮内省より御下賜金三〇〇〇円が同志社に下賜された。慶應義塾に次いで二校目である。そして大正天皇（一八七九〜一九二六）が即位礼御挙行のため、同年一一月七日、京都に行幸され、同日特旨をもって、故新島襄に従四位を、故山本覚馬に従五位、現社長の**原田助**に勲五等を叙された。

そして御下賜金拝受祝賀を兼ねた創立四十周年記念会が東京から高田文部大臣、島田衆議院議長、蒲田慶應義塾長など多数の来賓を迎えて行われ、一木内務大臣による天皇陛下万歳が三唱し式が終わった。この様子をギューリックは一教授として見聞し、日本の支配構造が江戸幕藩体制から天皇中心に変わった実感と、天皇を頂点とする日本の国体を改めて認識したという。

このことは一九〇三年、ニューヨークのレヴェル社から刊行された『日本人の進化』で触れられている。

原田助（一八六三～一九四〇）

熊本県出身。同志社神学校、イェール大学卒業。番町・平安・神戸各教会の牧師を務め、一九〇七（明治四〇）年同志社社長。ギューリックはアメリカ留学時からの友人。一九二〇年ハワイ大学東洋学部長を務める。

学究的だったギューリックの日本人論

ギューリックは熊本時代の一八九六年には『洗礼祈願者の訓練』を日本語で発刊し、続いて一八九九年、松山時代には『旧新約聖書対読文』を書いた後、松山からいったん帰国し、一九〇三年、アメリカ・ニューヨークで『日本人の進化』を出版した。今まで熊本、松山で多くの日本人と会い、交際を通じて観察した所見である。

進化論を研究している学者らしく、常に社会の発達、社会制度の性格という観点から、日本人の精神の特質を明らかにしようとしている。母国の人々で、日本人の心性を知らない人たちに、自分の日本人観をすべて伝えようとした意欲作である。

その日本人論の一部を紹介しよう。

「日本人の礼儀正しさについて、それは日々の細かい行為にまで及んでいる。手の握り方、部屋への入り方、特別な場合の息の吸い方、髪の結い方、居間での敬意を表するお互いの席順、客への茶菓子のすすめ方、贈り物の交換の仕方など社会生活のあらゆる細部が作法に支配されている。行為ばかりでなく個人的な挨拶の言葉も同様に、人称代名詞の発達を妨げるという形で、礼儀正しさの考えに基づいている。日本人の言語表現の方法では、礼儀正しさと人格性が、実に解きほぐしがたいほどに織り合わされているのである。人間関係を表現する日本語の間接的方法は数知れずあり、また微妙なものである」

と日本人の生活習慣をよく観察し、精神的特性を捉えている。

次に天皇制の国体に対する関心である。ギューリックは前述した同志社時代から日本の国体に関心があり、アメリカの共和制はむろん、イギリスの立憲君主制とも異なる日本の天皇制の国体に関心をもった。ギューリックは『日本人の進化』の中で、天皇制と国家形態について、日本人は国家と個人とを別にして考えられず、天皇は日本の国の生きた象徴であるばかりか、国家の具現者であり、実体である。日本民族は、皇室の子孫だと一般に言われているのはそのためであるといっている。

さらに、主権は完全に、絶対的に、天皇の中に存する。一般民衆の権利は、天皇によって認められ、彼の意志だけのために存在するのである。天皇の一挙手によって、理論上は、一八八九年に発布された憲法も、現在国民が享受しているすべての権利も廃棄することができるであろう。日本の天皇は、最も愛国的な日本人に何らのショックをも与えることなしに、ルイ一四世のかの有名なせりふ、「朕は国家なり」を、自分も吐くことができるであろう。この言を裏付けるため、帝国大学の、加藤弘之前総長の『道徳法律進化の理』

を挙げている。

「この国において愛国心とは忠君心を意味する。日本人にとって、天皇と国家は同一のものである。日本の天皇は、まったく誇張なしに、『朕すなわち国家なり』と言えるのは吾が天皇にしてはじめて言い得べきのみ。日本人は、彼らの安寧幸福は、一系の皇室に結びつけられており、この事実を認識しない道徳や法の体系にはまったく敬意を表しない」

したがって国家の主権は天皇から切り離して考えることはできない。それは永遠に途切れることなく、皇統の継続とともにいつまでも続くのだ。皇室の存在がやむことがあるとすれば、帝国が滅ぶ時である。これが今日、日本で一般的に受け入れられているのである。国家の統一と主権が、日本では人格と切り離して考えられていないことを明確に示している。

ギューリックと渋沢栄一の出会い

ギューリックは同志社の創立者・新島襄を尊敬していた。新島襄のことを武士の血の流れた友愛の人と形容し、新島の私学創設の信念は明快であり、人格的意図の率直さ、ひるまぬ勇気、高邁な計画、そして同邦のための遠大な抱負は、彼と接触するあらゆる人に感銘を与えたと言っている。一方、在世中の新島襄がめざした「智徳兼ね備はれる実用的の人物」の養成が未だ十分でない。新島と同じ考えを共有し、同志社を支援した渋沢栄一も徳育と知育の両者を兼ね備えた人材の養成こそ、渋沢が受け止めた新島の「素志」（こころざし）にほかならなかった。

渋沢が同志社を支援したもう一つの理由は、何事も「官」を優先し「私」を低く見る「官尊民卑」の風潮に対する批判である。渋沢はかつてフランスに行き、最も強烈なカルチャーショックを受けたものの中に、フランスにおける官と民の対等な関係があったと述べ、近代の学問の「大いなる弊害にて、吾れ人ともに憂へざる可らざる事」と回顧している。

渋沢は一九一一（明治四四）年五月一四～二二日まで、関西に出張した。その時、森村市左衛門と日本女子大学校の成瀬仁蔵が同行している。そして、五月二一日には、渋沢が同志社で講演を行っている。講演の中で、渋沢は新島精神に触れ「同志社の生徒は社会の実用に応ずるには如何なりや、予之を知らず、唯予は将来に向て大に望みを嘱せんと欲するなり、故に予が今日諸君に望む所は、立派なる教員或は官吏となれとにあらず、唯智あり徳あり、殊に徳ある実用的の人物となられんこと是なり、此の如く智徳兼ね備はれる実用的の人物なり」と説いている。

この渋沢の講演の後、ギューリックと渋沢栄一と初めて面識をもった。後年ギューリックは、「進歩的で、理想主義的な愛国者の小さな集まりを通して渋沢と初めて会った。日本女子大学の校長の成瀬仁蔵が、京都までその設立趣旨を説明に来た」と言っている。

資料的に確認できるのは、一九二一（大正一〇）年四月に渋沢邸で行われた「帰一協会」の第一回準備会が最も早いが、その前年に二人は京都で会っていたわけである。

渋沢はギューリックを高く評価したことは次の発言からも分かる。

「……先年我国精神界の帰一を計らんとして設立せられし帰一協会に於ても、余は同志社の原田校長及びギューリック博士等と昨年来親しく事を共にしつつあり。殊に博士の如きは学殖深く識見博く、正に是れ精神界の一雄と称すべし……」

と言っている。

渋沢栄一の帰一協会に参加

渋沢栄一とギューリックは「帰一協会」を通して、二人の関係がいっそう深まることになる。新島とも親しかった**成瀬仁蔵**から「思潮界改善の方法」について、さまざまな宗教や思想をもった人々からなる研究団体の結成に関する話が渋沢栄一に持ち込まれた。一九二一（大正一〇）年四月に、「帰一協会」の第一回の会合が渋沢の召集によって開かれた。これには、すぐさまシドニー・ギューリックはいち早く参加を表明した。井上哲次郎や中島力蔵、浮田和民、成瀬仁蔵らが集まった。この団体は渋沢栄一が帰一協会と名づけた。

帰一協会は、王陽明の「万徳帰一」からその名を取った、道徳、教育、文学、宗教などの精神的統一を図るための意見交換の場であった。

渋沢は、準備会の席上、現在日本にはいろいろな宗教や道徳が入り混じり、どこに心を落ち着けてよいか迷うことが多い。それと同じように「東西両洋文明の関係」がギクシャクするのも、「単に国際問題」ではなく、「此の辺に関係」があるのではないかと挨拶している。

また、後日、ギューリックは渋沢に「近来になき趣味探き有益の半日」であったという礼状を渋沢に送り、その際伝えきれなかった自分の意見を補い、あわせて議論が佳境に入るのに従い、思わず英語を使ってしまったことを詫びている。また、この時、渋沢の人柄に感銘を受けたことが、この書簡には表れている。

そして帰一協会の意見書が会員の合議の末、発表された。

「二十世紀の文明は、全世界を打って一団となし、通商交通の上は勿論、精神上の問題に於いても、人種および国家の差別を打破せんとする勢いをしめせり」（『竜門雑誌』第二九〇号、一九二一年）という表現から始まり、経済の利害対立や人種感情の対立から来る国際紛争が人類の平和を脅かしている現実を鋭く指摘している。こうした状況において、「国民相互の友誼を増進し、国際の道義を擁護するには、世界諸国民、特に東西両洋人民間の同情を増進せざるべからず」（同前）と言うように、渋沢らがめざした課題は、日本の一国の徳育問題にとどまらず、国際的な平和融合を視野に入れたものであった。

帰一という言葉の意味として、それぞれの国民および個々の宗教がその特質を発揮することによって、「世界の人文」を豊かにし、「人類理想の大合奏」に関わろうとすることであると説明している。さらに、この意見書では世界各国はそれぞれの固有の発展と歴史をもっているが、近代文明が世界に波及浸透するとともに、共通の問題に逢着していると説いている。この共通の課題として、例えば「個人主義と国家的団体」や「経済問題と社会政策等の問題」「実証主義の気風と宗教的理想主義」であるとか「社会の現実に応ずべき教育と道徳」（同前）をあげているが、これらの問題は「世界的文明の難関」である以上、「世界的の解釈」を経なければ、十分な解決策を得ることができないと述べている。

以上のような目的を達成するために、帰一協会では宗教・哲学・道徳・社会・教育・文学などに関する論文や評論を掲載する雑誌を刊行して、内外の研究者の交流や国際会議および講演会などの開催を積極的に開催した。しかも、このような趣旨に賛同する人々に対しては、思想家・教育家・政治家・宗教家・実業家などその職業を問わず、あらゆる分野から人材を募った。渋沢の熱心な勧誘もあって、政財界は言うに及ばず宗教界とりわけ日本のキリスト教の指導的な立場にあった宣教師や日本人キリスト者の代表的な人物が集まった。

特に、英語がそれほど堪能でない渋沢にとっては、ギューリックは得難いアメリカの知識人であった。この時、渋沢は七〇歳を超えていたが、ギューリックは二〇歳も若かった。

成瀬仁蔵（一八五八〜一九一九）
山口県出身。藩校憲章館を経て山口師範を卒業し、一八九〇（明治二三）年新しい展望を求めて渡米。新島襄の学んだアンドーヴァー神学校、続いてクラーク大学に学んで一八九四年に帰国。日本女子大学を創立する。「二十世紀は婦人の世紀である」と唱え、「信念徹底」「自発創生」「共同奉仕」を三大綱領とした。

国際正義に反する排日運動の非を説く

自他共に日本通になっていたギューリックは病気治療を兼ねて、一九一三（大正二）年、同志社を休職し、一時帰国した。

ギューリックの帰国一カ月前に、日本人一世は帰化権のない外国人として土地の所有権を奪われる「カリフォルニア州外国人土地所有禁止法」が成立し、組織的な排日問題が活発化する時期と、ギューリックの帰国は重なっていた。

帰国して間もなく病気も癒えたギューリックはカリフォルニアに吹き荒れる排日の嵐を目のあたりにし、早速その状況を調査し、必ずしもアメリカの世論が正しくないことを知る。ギューリックの日本人居住地区の調査によれば、次のことが明らかになった。

「一九〇九年から一九一二年の間、わが移民当局の統計によれば、（日本移民の）出国者は入国者よりも六六六四名多かった。排日カリフォルニア人はそれでも決して満足しない。日本人雇用者は日本人労働者しか雇わないというのは、厳密には真実ではない。例えばカリフォルニアの「ポテト王」島氏〔英語名・ジョージ・シマ・日本名・牛島謹爾〕は特定の種類の仕事に白人を雇っている」

このようにギューリックは証拠をあげながら日本移民の脅威が誇大に喧伝されているとした。

ギューリックはこれらの本国の排日運動に反対し、反論するためにさまざまな方面から情報を集めている。ギューリックはその実態を調査して、それらが正義に反することを確信し、アメリカ・キリスト教連盟に事態の改善のための努力を要請し、自らも日米関係の改善のための行動を起こしたのである。

排日のニュースは日本でも大きくとりあげられており、それはアメリカ人宣教師として、キリスト教の愛と寛容を説く宣教師活動を著しく妨げる由々しき問題であった。

ギューリックは早速、排日運動反対を訴え始めた。日本人は非道徳的で不潔であるなどといった排日派の主張をうち消すために、『日米問題』という著書を一気に書きあげ、日本でも一九一五（大正四）年、東京の警醒社より出版された。

その中で、日本人は道徳的で十分同化可能であると論じるとともに、一般大衆への講演活動を開始した。

また、正式に発足したばかりのキリスト教諸派による合同組織、キリスト教会評議会に、日系移民問題の重要性を認識させることにも成功する。キリスト教会評議会は、全米各地の一五万もの教会と二二〇〇万人の会員を擁するプロテスタント教会の巨大な連合体であった。評議会内に、対日関係委員会が発足すると書記に任命され、キリスト教会評議会という有力な組織を通じて日米関係改善に取り組むことになる。

そして休む間もなく、一九一三年の暮れには、ギューリックはワシントンへと赴き、ディリンガム上院移民委員会委員長と面会し、正義を無視した人種的偏見に基づく排日移民法の暴挙を議会に対し、キリスト教連盟（ＰＣＣ）の代表として伝え、排日の非を説き、是正を訴えた。

排日移民法の背景と論争

日本人のアメリカ進出は確かに、めざましかった。一九一〇年代、日本人移民は低賃金に甘んじつつ、持ち前の勤勉さで野菜の生産を主体に成功者が出始めていた。日本人の最も多いカリフォルニア州を例にとると、イチゴの九〇パーセントを栽培、野菜にしてもトマト、アスパラガス、レタスなどは半分以上を日本人が供給していた。カリフォルニア全体の農業生産から見ても、その一割は日本人農家が占めていた。その額は毎年、四〇〇〇万～六〇〇〇万ドルにのぼり、第一次世界大戦の時には一億ドル（二億円）にも達した。

当時、日本の国家予算は六億円。その三分の一をカリフォルニアの日本人農業者だけで生産していたのである。そして日本人の中にも、大事業者が現れた。ポテト・キングと呼ばれた牛島謹爾。ライス・キングと呼ばれた国府田敬三郎などである。次第に激しくなる日本人排斥の嵐の中でも、このように日本人は、アメリカの大地に着実に根を伸ばしていた。

それでは排日活動は農民の移民問題だけだろうか、競合に負けたことに対する反感と人種的偏見から、アメリカ人労働者は日本人移民を排斥するための行動を起こし始めたのである。

一方、日露戦争でロシアに勝った日本への恐怖感が影響したこともあるが、アメリカ合衆国の国体が深く関係していると思われる。白人を優位とする人種差別観がアメリカ建国の基底にあるのである。そうであるならば、白人国ロシアと戦って勝った有色人種の国・日本は、アメリカの基本的な国体、あるいは国民精神と相容れないということになる。それをアメリカ人は本能的に感じ取り、日本人の排斥に走ったのではないだろうか。

それを裏付けるのは、カリフォルニア州にとどまらず、連邦政府もアジア系移民に警戒の動きを見せるようになっていた。民間世論においても排日の動きがとどまることはなく、黄禍論は増え続けた。その主唱者はウィリアム・R・ハースト（一八六三〜一九五一）率いるハースト系のリッチモンド・P・ホプソンを中心とした新聞雑誌とアメリカ国内におけるドイツの宣伝機関であった。ホプソンはアメリカ退役陸軍大佐でアラバマ州選出下院議員、ハースト系メディアの寵児として知られ、以前より日本海軍の脅威、日米戦争の可能性を訴えて人心を煽り、アメリカ海軍の拡大と防衛強化を主張してきた。

このようにアメリカ世論を作り出す動きは、作為的で国際平和に反することは明らかであった。

ギューリックは全国遊説に乗り出し、ボストンからサンフランシスコまで全米で講演した後、ワシントンへとって返すと、上院の委員会で証言した。キリスト教会評議会という巨大な組織を背景としたこともあって、ギューリックは急速に日系移民問題の中心人物の一人となっていった。

ギューリックの影響力が増すにつれ、排日派が、ギューリックを主要な攻撃対象と見なし、日本のスパイ扱いまでするようになる。カリフォルニアの地方紙の経営者で、排日活動の中心人物であるV・S・マクラッチーは、日本からの移民によって、カリフォルニア州は「静かな占領」の危機にあると訴えた。彼はギューリックの活動が排日運動にとって有害であると考え、反撃を開始したのである。日本はいわばアジアにおけるドイツであって極めて危険であるとの考えをもった。

ギューリックはアメリカ側の排日アジテーションは日本に屈辱を与え、アメリカに不名誉をもたらすものだと主張し、ハースト系メディアや排日家の論客モンタヴィル・フラワーズ、ヴァレンティン・マクラッチー、ジェームズ・D・フィーラン上院議員、ジョン・E・レイカー下院議員などに論戦を挑んだ。

最も厄介なことは、ウェッブ、カリフォルニア州法務長官は州議会、連邦議会を問わず移民問題をめぐる法案の論拠となっているのは、その人種が劣等か優等かではなく、「好ましくない人種であるかどうか」という点であるとした。つまり日本人はアメリカへの移民として「好ましくない」というのである。カリフォルニア州の法務長官という権威ある公職者の言葉としては信じ難いものであった。

『日米問題』の発刊と日米和解の訴え

ギューリックはアメリカ国内の反日感情、排日移民法への動きを少しでも和らげる目的で、両国の実態と彼の主張をまとめたものが『日米問題』と題して一九一五（大正四）年、東京の警醒社より出版された。

ギューリックは著書の日本語版の発表を兼ねて一九一五年初頭には日本に赴き、排日活動に対して、アメリカではキリスト教徒が日米親善のために活動中であると伝え、日本がいたずらに反米に傾かないように訴えた。そして加藤高明外相や大隈重信元総理ら有力者に歓待され、平和の使徒として日本国内で高く評価された。アメリカ国内でも日米友好を重視する東部の高級紙に好意的に報じられた。

ギューリックは『日米問題』の中で、アメリカの排日の問題点を衝き、日本移民を擁護する議論を展開している。その主旨はあくまでアメリカと日本の融和にあった。その内容を見ると、「①アメリカにおける東洋問題、②加州における日本人問題、③アメリカ文明の根本的特性、④フロリン付近の事実、⑤日本人は同化し得るや、⑥アメリカ人は日本人を同化し得るや、⑦加州における排日運動、⑧認識されざる要件、⑨黄禍並びに白禍、⑩西洋及び東洋の幻想、⑪真の黄禍は何ぞ、⑫新アメリカ東洋政策論、⑬日本の識者に対する提言」となっている。

この中でギューリックは「アメリカの民主主義は未だ実験途上のものであるとし、アメリカ人は一国民の真の繁栄とその永久的な平和的進歩は、純然たる民主主義の基礎の上にのみ達せられるものであって、政治的、社会的、経済的並びに産業的なる徹底した民衆本位主義を貫いて初めて可能になる。この主義に従えば、民衆に反抗し、是を圧迫して、その上に自己の生活を営むが如き、遺伝的なる、富の占領者たる、治者たる、特権ある階級は、断じて存在することを許さないのである。これが今のアメリカの政治的生活並びに組織の基礎である。これはアメリカにおける一切の経済的並びに産業的問題の解決を試みる根本的仮定である。したがって、これは今日の亜細亜移民問題において、常に念頭におかねばならぬ根本原理である」と書いている。

また、ギューリックは日本の識者に対しては「移民の質を上げよ。中等教育を受けた者を移住者、学生として送れ。そうすればアメリカの同化も容易になる」説いた。

さらに、欧米に流れる黄禍論の風説はギューリックにとって頭痛の種であったが、彼はそのような禍を転じて福としなければならないと考え、次のように記した。

「黄禍は私たちにとって黄金の好機になるかもしれない。東洋における白禍がその土地に予期せぬ恩恵をもたらしているように。西洋は東洋が、東洋は西洋が必要なのだ。この重大な時期にあたって白人がアジア人を正しく待遇するならば、確実に予想される人種の衝突を防ぐことになるであろう。それゆえ、私たちには新しい東洋政策が必要なのだ」

いずれにしても、日本人の勤勉さ、労働価値観をよく知っているギューリックにとって、加州における大多数のアメリカ人との民族調和に苦慮したことがこの著書に滲み出ている。

「青い目の人形」を日本の子どもたちへ

日米間の「人形大使」の問題がギューリックと渋沢の間で始まった。アメリカで二七〇万人、日本二六〇万人、太平洋を挟む両国で五〇〇〇万人以上が関わる大事業である。

一九二三年に、ニューヨークの米日関係委員会幹事が中心となって組織した世界児童親善会が設立された。全アメリカの少年、少女団体や教会の日曜学校などに呼びかけて、日米友好のために、「青い目の人形」を贈ろうと呼びかけた。日本の子どもたちが「青い目のお人形」の歌を、よく歌っているのをギューリックは知っていたのと、日本の子どもの「ひな祭り」をよく知っていたのは確かである。

世界児童親善会は、アメリカ各地に人形委員会を設置して協力を呼びかけた。ギューリックの計画は、パンフレットにされて、全米各地の学校、教会、ガールスカウトなどの各種児童団体、婦人クラブなどに配布された。それには、日本のひな祭りの楽しさを述べ、さらに、「人形交流の本意」として、次のように書かれてあった。

「この計画のもっとも価値ある点は、多数のアメリカ児童やその両親に国際的な考え方を認め、日本に興味を持たせる機会を与えるという点にある。従って、アメリカに対する好意が日本においても呼び起こされるという大いなる利益がある。」

世界児童親善会にはアメリカ各州の人たち一万二七三九体の人形が集まった。それぞれの人形に名前をつけ、赤十字の看護婦、ガール・スカウトの制服、キャンプ・ファイヤー・ガールズの制服、クエーカー教徒の服装とさまざまな手作りの服を着せて、人形旅行局発行のパスポートを持たせることにした。必要な費用はアメリカの子どもたちがバザーを開いたりして寄付をしたのである。教会、公立、私立の学校、YWCA、YMCAなどを通して多くの子どもたちや市民が協力した。人形はニューヨークとサンフランシスコに集められた。そして、一九二七（昭和二）年三月三日、郵船会社五社の協力を得て、人形が日本の港に到着した。

日本に到着した人形たちは、盛大な歓迎会のあと、その一部は両陛下に披露された。皇后陛下の御下賜金で、東京博物館に日本家屋と庭園からなる「人形の家」が作られ、展示されて、多くの観覧者を集めた。

その後、一万三〇〇〇体近くの人形は、日本本土、朝鮮、台湾、樺太などの小学校や幼稚園に配布された。

日本から返礼の「市松人形」

ギューリックは「お礼は不要」と言っていたというが、日本側から「やはりお礼を」との声が起こり、渋沢栄一が日米関係委員会委員として外務省から依頼され、全国の役場や学校へ依頼することにした。そして一道三府四三県と、六大都市、樺太、台湾、朝鮮、関東州、皇室御下賜の一体を加えた五八体の市松人形がそれぞれの地名の名前がつけられて、集められた。市松人形とは着せ替え人形の一種で、江戸時代「市松」という子どもが多かったからつけられたという説と、歌舞伎俳優の佐野川市松の名をとったともいわれる。

日本側から贈ることになった市松人形が皇室御下賜人形一体を加えた五八体と少なかったのは、寄付された人形の多くが遊びなどに使われ、汚れており、綺麗な人形が少なかったためだといわれている。

答礼人形はクリスマスに間に合うように、一一月に横浜港を出港し、一一月末にサンフランシスコに到着し、同市、および、対岸のオークランド市、バークレイ市で盛大な歓迎会が催された。一二月一五日にシカゴに到着し、ギューリックも出迎えた。二七日にはワシントンで公式に歓迎会が開催された。答礼人形たちは、半年の間に、四七九の都市で巡回展示され、千回余りの歓迎パーティーが催された。その後は、各州の博物館や美術館で保管・展示された。渋沢とギューリックの日米親善への強い思いが人形に託され、両国の子どもたちの間で友好と信頼を築くことができたわけである。

受け継がれる友情人形

ギューリックの志は第二次世界大戦という不幸な出来事のために中断され、「平和の使節・友情の使節」としてではなく、敵国の人形として、悲しい運命をたどり、人形は焼かれたり、壊され、戦争の犠牲になった。しかし、そんな中でも心ある人々によって救われた人形が全国で三二四体残っていることが確認されている。かろうじて残ったこれらの人形は不幸な時代を表す貴重な証人である。

最初の人形が到着した地「横浜市」に一九八六（昭和六一）年に「横浜人形の家」が作られ、そこに残った友情人形が飾られているのをはじめ、全国各地の学校や幼稚園などで大切に保存されている。

一方戦後、また青い目の人形と交換にアメリカへ渡った答礼人形も、時々里帰りして展示されている。答礼人形の修復のために、ボルチモア市の日系二世のメリー・トク・杉山さんが「ミス広島」を故郷に里帰りさせたことから、親善交流が復活した。一九八八年には、アメリカから里帰りした答礼人形一九体と、日本に残る青い目の人形が一堂に会する展示会が国内一〇カ所で開催され、その後、同様の趣旨の展示会がアメリカ各地でも催された。日本とアメリカの子どもたちの友情の懸け橋となった「友情人形」の歴史を振り返り、平和の有難さと国際交流の重要性を実感する。

さて、日米友好を最後まで願ったシドニー・ギューリックはどういう因果か、引退後の余生をハワイで過ごしていた。日本の戦闘機が真珠湾を攻撃するのをその目で見たという。日米友好に一生をかけてきたギューリックの心中が察せられる。そして太平洋戦争の終戦の年、一九四五年にアイダホ州ポイシーに住む長女スーザンの所で生涯を終えた。遺骨はポイシーと父の眠るマサチューセッツ州スプリング・フィールド、それから愛し続けた日本、祖父母も眠る神戸へと、三つに分けられて送られた。

シドニーの子どもで、父と同じ名前をもつ末っ子のシドニー・ギューリック二世は神戸で生まれ、父の仕事の関係で四国、アメリカ、ドイツ、インドなどに住んだ。一〇歳の時アメリカに帰り、オベリン大学で学んだ。一九二三（大正一二）年に、再来日し、同志社大学と梅花学園の教壇に立っている。その後サンディエゴ大学で長く英文学の教授をし、学部長も務めた。横浜—サンディエゴ友好協会の会長を二一年間も務め、一九八八年に亡くなった。

二世には子どもが二人いて、下の男の子に、同じ名前を付けた。シドニー・ギューリック三世はメリーランド州に住んでいる。一九八六（昭和六一）年、横浜人形の家のオープンの時に来日して、京都、神戸にも立ち寄り、祖父、父の二人のギューリックの偉大さを痛感し、自らも三世ギューリックとして新「青い目の人形」を贈った。親善に尽くした心が継続されたのである。

第六章　太平洋の懸け橋・国際人の新渡戸稲造

札幌農学校に学ぶ

新渡戸稲造（一八六二～一九三三）はキリスト者として、農政学、経済学、植民政策などの教育関係、国際問題など、幅広く活躍した。国際人・新渡戸には人種、言語に隔てはなく広く、あらゆる階層と人間愛を中心に交流した類稀な英才といえる。

そして英知だけでなく、自ら行動を起こした成果といえるが、当時の世情、教育環境の中で、最善の道を自ら選択し、着実にもてる才を積み上げ、能力を発揮した。また個人的には、アメリカ人のメアリーとの国際結婚が示すように、日米親善には特に尽力した。

新渡戸稲造

新渡戸稲造の足跡から辿ってみよう。一八六二（文久二）年、盛岡藩士新渡戸十次郎の三男として盛岡（現岩手県盛岡市）に生まれた。賢明な母に厳格にしつけられ、九歳で叔父太田時敏の養子となり上京する。太田時敏の教育もまた、武士道精神のいっそう厳格なものであったという。この頃から、自主的で、鋭敏な素質がみえ始め、外語学校に入った頃は、英文を通してのキリスト教思想を理解していくのに時間は要しなかった。一八七六（明治九）年、明治天皇東北御巡行の際、新渡戸家に賜った御下賜金で、まず聖書を求めている。

札幌農学校へ入学直後も、「イエスを信ずる者の契約」に、進んで第二期生として第一番に署名し、翌年五月、受洗し、クリスチャン・ネームをパウロと名乗った。農学校では、先輩に佐藤昌介、大島正健ら、同期に内村鑑三、宮部金吾、広井勇ら親しき友に恵まれ、ホイラー、ベンハロー、ブルックスら有能なアメリカ人教師によるアメリカ式近代農業関連知識を学び、ますます向学心に燃えた。

農学校卒業後、一九歳で上京し、いったんは東京帝国大学に入学する。入学試験で口頭試問を行った教官から「農業を修めた君がなぜ英文学を学びたいのか？」と質問されると「日本とアメリカを結ぶ太平洋のかけ橋になりたい」と答えたという。「太平洋のかけ橋」などという言葉はもちろん、発想すらなかった時代のことである。以後、この言葉は新渡戸稲造の代名詞のようになっていくのである。

アメリカ・ドイツ留学

西洋文明を学ぶ思いに燃えた新渡戸にとって、東大での勉強は物足りなく、ジョンズ・ホプキンス大学に留学を決意する。一八八四年、私費で渡米して同校へ入学した。そして約三年間、ジョンズ・ホプキンス大学大学院に在籍した。アメリカでは初めての大学院大学として八年前に設立され、ドイツのゼミナール形式を最初に導入し、優秀な教授陣を揃えていた。博士論文に選んだのは農政学ではなく「日米関係史」とした。

そして、一八八五年五月初旬に新渡戸が留学していたジョンズ・ホプキンス大学を新島襄が訪ねた。二人の最初の出会いとなる。新渡戸はアーモスト大学で新島の後輩、内村鑑三の親友であり、クラークにつながる札幌農学校の人脈であったので、二人は急速に親しくなる。新島はジョンズ・ホプキンス大学の学長を通じて、新渡戸が帰国後、同志社の教授になるよう勧誘する。新渡戸はその話を聞いて感激するが、次の留学先のドイツのボン大学で農政、農業経済学を学ぶことが決まっていたため実現しなかった。

ドイツでは、各分野の権威に教えを求めて、ボン大学、ベルリン大学、王立統計局、ハレ大学に学んだ。そして、「日本の土地所有、その分配と農業的利用について—歴史的統計的研究」と題する論文をハレ大学に提出し、文学修士と哲学博士の学位を授与された。

そして、満三カ年のドイツ留学を経て、帰国の年に『日米関係史』を出版した。ジョンズ・ホプキンス大学の指導教授アダムズが、同大学出版部から公刊する労をとったのである。

メアリー・エルキントンと国際結婚

ジョンズ・ホプキンス大学留学中、新渡戸は伝統的なキリスト教信仰に懐疑的になっており、クエーカー派の集会に通い始め正式に会員となり、多くのアメリカ人と交流した。東海岸のバルチモア周辺はプロテスタント移民の子孫が多く、特に近くのフィラデルフィアは、ウィリアム・ペンを筆頭にクエーカー教徒が築いた町であった。

新渡戸は初めてクエーカーの集会に参加した。その集会に、特別なリーダーはなく、静かな瞑想のうちに霊感を受けた者が祈り、話すという、日本の禅とか神道の簡素さにも通ずる親しみを感ずる。そこには、宗教が理論や教義ではなく、まったく神との直接の霊の交わりであること、教徒たちの「手近な愛の精神の実行」があった。

これこそ、新渡戸の求め続けた宗教であった。何よりも「質素な生活態度と兵役も拒否する平和主義」の理想に強い共感を覚えた。クエーカーはキリスト教でも特に「平和第一主義」を信条としていたので、新渡戸は自らの理念とも合致する理想の宗派に出会ったと感じた。

ここで、新渡戸は敬虔なクエーカー教徒、メアリー・エルキントンと出会って、意気投合した。その後大西洋を挟んで二人は手紙のやりとりを繰り返し、一八九一年一月一日、フィラデルフィアのクエーカー集会所で結婚式を挙げた。新渡戸二八歳の時だった。新渡戸は自分もクエーカー教徒として、さらに深くアメリカ人を理解しようと決意した。

母校・札幌農学校教授になる

札幌農学校のクラーク門下、第一期生で新渡戸の尊敬する先輩・佐藤昌介がいた。佐藤はクラークの薫陶を受け、一八八〇（明治一三）年卒業と同時に、母校で農業実習を担当し、その後一八八二年アメリカに渡り、ホートン農場で農業技術を学ぶとともに、ジョンズ・ホプキンス大学で二年間、経済学者R・T・イリーに学んでから、一八八六年帰国し、母校・札幌農学校の校長に就任した。

その佐藤が新渡戸を母校へ誘ったのである。新渡戸はドイツへの三年の留学を条件に受諾し、ドイツではベルリン大学、王立統計局、ハレ大学に学び、文学修士と哲学博士の学位を授与された。

一八九一年に札幌農学校教授として着任する。新渡戸は農政、農業史、農業総論、植民論、そして経済学五科目の講義を行い、かつてクラークが築いたように学生との間に固い信頼関係を構築し、一八九五年には舎監まで兼任するようになる。

しかし、病気のため、静養を余儀なくされるが、その期間も、今までの農政上の研究をまとめ『農業本論』を出版した上、「日本農業発達史」を論文としてまとめる。一八九九年、先輩、佐藤昌介とともに、日本で最初の農学博士の学位を授与された。

メアリー夫人との間に長男・遠益《トーマス》が生まれるが、八日後に死去する。愛児を亡くした二年後には、貧しくて昼間の学校に行けない勤労青年のためにメアリー夫人の資金で「遠友夜学校」を創立し、新渡戸は校長を務める。廃校になるまで、五〇年間で、卒業生は約一二〇〇人にのぼり、遠友夜学校は大きな社会的役割を果たした。

名著『武士道』で日本人の思想を伝える

一九〇〇年、三三歳だった新渡戸は、『武士道』という本を英語で書き上げ、アメリカで出版した。その序文で、「私が少年時代学んだ道徳の教えは、学校で教えられたのではなかった。私は私の正邪善悪の観念を形成して居る各種の要素の分析を始めてから、之等の観念を、私の鼻腔に吹き込んだものは、武士道であることを、ようやく見出したのである」と述べている。

明治維新以来、急速に日本の近代化を進めたため、産業技術など文明だけでなく、西洋文化を必要なものとして、わが国では福澤諭吉など知識人は考えた。もちろん日本と西洋とは異なった風土と歴史をもっていて、その移入は容易ではないことは知っていた。

精神文化の移入に関しては新島襄がいち早く、ニューイングランドのピューリタン・キリスト教と民主主義を持ち込むが、定着するまでには時間がかかった。アーモスト大学に学び、アメリカの二面性に悩んだ内村鑑三は『代表的日本人』を出したし、岡倉天心はアメリカ・ボストン美術館からの招聘を受け、東洋美術の紹介に努め、一方で英語による『茶の本』を出した。三人のいずれもが、西洋文明・文化に触れることによって、日本の文化の長所と考えたのである。

そして、日本の心を、外国に紹介し説明しようと一番熱心に行動を起こしたのが新渡戸稲造である。「太平洋の懸け橋になる」という新渡戸稲造の理想は『武士道』だけでなく実際の行動面で発揮されたのである。

新渡戸は『武士道』を英語で書いたのは、メアリー夫人からしばしば日本の風習、思想への質問があり、それに答えるのも直接の動機となったとしているが、とかく西洋人の間で、チョンマゲ、チャンバラ、切腹、敵討ちなどから、日本人は野蛮な原始人を連想されがちなだけでなく、軍国主義、国粋主義ともそれらは結びつきやすいので、その誤解を解き、礼節、忠義、道徳、名誉を重んじ、和と人間愛を追求する、本来の伝統的神道や仏教、儒教に支えられた真の日本人の精神を伝えたかったからであると言っている。

また、外国の読者が理解しやすいように、西欧の歴史と文学から騎士《ナイト》階級の精神をはじめ多くの類例を引いて、日本の武士道との比較説明を試みている。

この本の出版は、国際人・新渡戸の活躍にとって、あらゆる場面で自己紹介の役割を果たし、有力なよりどころとなった。日露戦争の講和を仲介したルーズベルト大統領は、この本に書かれた日本人の質実剛健な精神に感動し、何冊も購入して友人・家族に配り、熟読を薦めたという逸話が残されている。

『武士道』とプロテスタントの精神の接合

武士道で育った新渡戸は両者に早くから共通点があるのを見抜いていた。なぜ、キリスト教に入信したかもまったく抵抗がなかったのである。確かにキリスト教のプロテスタントには、質素倹約を旨とし、自律、自助、勤勉、正直、平等をモットーとする「自己の確立」を要求するもので、その精神は武士道に相通じるものがあったからである。逆に言えば、新渡戸は武士道を幼き頃より道徳律として教えられていたために、キリスト教と武士道が二律背反するものではないことを感じたのである。同じことが新島襄にもいえる。武士に育つが、幕藩体制に疑問をもち、キリスト教の自由と平等、自立の精神を求め、「君主」のかわりに「神」という新しい主を得たのである。

武士道の精神をキリスト教の精神と接合させて、新たな精神文化を築き上げるのである。『武士道』で新渡戸は次のように伝統的武士道の未来を展望している。

「日本における過去半世紀の出来事が裏付けるように、旧い封建時代の日本の道徳体系は、封建時代の城や武具が破壊されたのと同様に、壊されて塵となり、そこから新たな倫理体系が不死鳥のように復活し、新しい日本を進歩に導くと予言されてきた。そのような預言者が成就することは望ましいし、可能性は十分あるが、同時に、不死鳥は自分自身の灰かのみ復活を遂げることを忘れてはならない。不死鳥は渡り鳥ではないし、他の鳥から借りた翼で飛ぶ鳥でもない。『実に、神の国はあなたがたの間にあるのだ』と、聖書が示しているのである」

このように新渡戸は、従来の日本の価値観をすべて廃して他からの借り物の価値観へと変節するのではなく、日本固有の道徳体系にキリスト教を円満に接ぐことにより、新しい道徳観を確立していくことを望んだのである。

アメリカ研究の成果である『日米関係史』

『武士道』とともに新渡戸稲造の名著といわれるのが、アメリカに直接関わる著作である『日米関係史』である。日本文化の海外への紹介、日米関係ならびにアメリカの歴史や文化の日本への紹介がねらいであった。『日米関係史』（原英文）は、新渡戸がアメリカ留学中に作成され、ドイツ留学から帰国した一八九一（明治二四）年に出版された。

この本はおそらく日米関係について、日本人の手になる最初の学術的研究であったといってよい。新渡戸自身は、「これを学術的の問題として研究するのでなく、一つの『生きた思想問題』として取扱ひたい」と言っている。そもそもアメリカに対する新渡戸の学術的関心の由来は、将来の国際世界におけるアメリカおよび日米関係の重要性を予想したことにあったと思われる。したがって研究の対象としたのは、アメリカの思想よりもむしろ主として現実としての「アメリカ」であり、新渡戸の言う「生きた思想問題」とは、アメリカ研究について言えば、将来にわたり望ましい日米関係の構築に努力し、アメリカおよび日米関係の歴史の現実の中に、こうした課題への生きた教訓・道標を見いだそうと試みたのである。『日米関係史』は、その英文は新渡戸独特の気品と力強さの溢れる名文と評されていて、日本語にも訳されている解説によれば、本書は新渡戸がジョンズ・ホプキンス大学に留学中、指導教授ハーバード・B・アダムズのすすめによって博士論文として書かれた。内容は、ペリーによる開国交渉開始以前の日本の諸外国との関わりを略述することに始まり、日米和親条約、日米修好通商条約の締結までの経緯、そして近代日本社会の諸相におけるアメリカの影響の紹介、それらに対する感想・コメントなどからなっている。

新渡戸は、執筆意図について自序に、「日本に対する国家としてのアメリカの態度、及び数人のアメリカ人の、個人的に私に対する態度に対して感じる深い感謝の念にもとづくものである。もし、この小著が国民的友情の絆を強めるうえに、少しでも貢献し、かつ両国において、いく人かの人々の心を近づけるのに役立つならば、私が小著を書くのに費やした時間は十二分に報われる思いがする」と書いている。

このように『日米関係史』は純粋な学術書というよりは、先行研究や個人的な見聞によりながら日本をアメリカに知らしめ、それによって両国間の絆を深めようという日本広報の役割をねらったものである。その意味では『武士道』と同じ意図をもっていた。

日米関係に関して論じた著作には、前章で述べたシドニー・ギューリックが日本で一九一五（大正四）年に発刊した『日米問題』がある。こちらはアメリカ人が率直に日本のありのままの姿をアメリカへ伝えようとしたものである。『日米問題』と『日米関係史』は好対照であり、共に日米の絆を強めるために書かれた。

さらに、『米国建国史要』がある。この本は東京大学法学部のヘボン講座の開講に際して行われた特別講義をもとに、一九一九（大正八）年に刊行されている。ヘボン講座とは、アメリカの銀行家・ヘボン（最初に来日したプロテスタント宣教師の一人J・C・ヘボンの遠縁にあたる）が、日米両国の友好を深める目的で渋沢栄一を通して、東大に寄付した講座で、美濃部達吉の「憲法」、吉野作造の「外交」と並んで新渡戸稲造が「歴史」を担当した。この『米国建国史要』の解説では、「これら一連の特別講義は日本におけるアメリカ研究にとって、画期的な企画であり、日本におけるアメリカ研究がその第一歩を踏み出す門出であった」と言っている。

『米国建国史要』は建国史といっても、むしろ植民地建設の歴史が大部分を占め、当時植民政策講座を担当していた新渡戸の比較植民政策論的関心がかなり強く表現されている。

アメリカの植民時代を世界の植民事業の一環として考察したものであるが、歴史に「生きた思想問題」への道標を探るという「実用的」な意図が明確である。

新渡戸は、諸国家のアメリカへの植民の経緯と方法を取り上げ、アメリカの発見や開発に先鞭をつけた大国が後退して、後続のイギリスが拓殖事業に成功して今日のアメリカの基礎を据えた理由を明らかにした。そして、「この問題を究めて行けば、現今も如何なる国が如何なる方法で海外に発展するであろうかについて「ヒント」を得る事があろう」と言っている。さらに、「此問題を理解した吾人は我国が既に有する若しくは将来或は有するに至るべき植民地に対して当に採るべき態度を決定する某を所在に発見するであろう」と結んでいる。

このように、新渡戸にとってアメリカ問題は、日米の友好的関係の構築や自身の植民地政策論にとっての「生きた思想問題」としての意味をもつものであった。

教育者としての熟練期・一高校長

それから文部大臣からの強い要請で第一高等学校第七代校長を務める。東京帝大教授を兼任である。その時新渡戸稲造四四歳であった。日本人に西洋文化の真髄と豊富な専門知識を教える任務とし、学生が自発的に自覚するよう仕向けた。

学識、人格の備わった新渡戸教授の講義は学生の信頼と人気は高く、最後の東大の授業に至っては講義が終わると、六〇〇人の学生が家に押しかけ、夫妻との別れを惜しんだ。各大学で国際人・新渡戸教授の教えと夫妻の感化を受けた人たちの中から、政界、官界、経済界、教育界などで、多くの有力者を輩出し、現在の日本の基礎を築いたといえよう。

一九一一年、初の日米交換教授に選ばれた新渡戸は、アメリカ全州の大学で一六〇回以上もの講演を行い、当時、日本人移民排斥運動が激しくなっていたアメリカで、日本人の国民性、道徳、宗教、教育などについて語り、合間に各界の多くの人たちと友情を築いた。新渡戸が日本人であると同時にクエーカー教徒としてアメリカ人にもなりきろうと努力した結果であろう。

先に出版した著書『武士道』が、アメリカでの講演活動や各界の人たちとの交流の際、大いに役立ったことは言うまでもない。こうして少年時代からの「太平洋のかけ橋」となるという考えは、日本の思想をアメリカなど外国へ伝え、逆に西欧思想を日本に普及する媒酌になるということであった。この新渡戸の理想は、日米両国で、国際人教育者として実践されたのである。

日米交換教授第一号としてアメリカへ

ニューヨーク日本協会発起人の一人である、雑誌『独立』主筆ハミルトン、ホルトは、日米の相互理解と親善を深める一助として、日米教授交換を最初に提議した。

この計画がある程度可能なところまで進展したところで、米側はコロンビア大学のニコラス・マリー・バトラー学長の手で交換教授を実行に移す段階で、ブラウン、コロンビア、ジョンズ・ホプキンス、ヴァージニア、イリノイ、ミネソタの各大学に呼びかけて、その計画実施に参加が決まった。バトラー学長とワシントン駐在日本大使を通じて、上記の諸大学と日本政府との間の交渉が始まった。そして、日本政府は即座にその申し出の受け入れを表明し、実施が決まったのである。

一九一一（明治四四）年、日本とアメリカの大学教授を交換する教授の選定が進められ、第一号の交換教授として新渡戸稲造が選ばれた。政府は新渡戸に、第一高等学校校長および東京帝国大学植民政策教授、および台湾総督府顧問という公職の義務を、一年間免除した。新渡戸はこの計画の目的は「両国互いに厳密な学問的知見をやりとりするというよりは、むしろ両国民間の正しい見解と友情の交換である。そこで任に当たる人々は、学者であれ、実務家、文名ある人々であれ、冷たい学問的真理よりは、むしろ人間らしい感情を伝える人であることが期待された」と言っている。

それに、交換教授として、アメリカ各地で講演することは、「太平洋の懸け橋になろう」と思っていた新渡戸稲造にとっては、アメリカの人々に日本のことを知ってもらうまたとない機会と考え、心から嬉しかった。

アメリカでは日本に対する誤解が広まっている時であった。それは、日本のことをよく知らないことが原因であり、対話を重視する必要性を感じていた。

アメリカでは、各大学で八回ずつ講演の予定であったが、結局一六六回の講演に及んだ。新渡戸稲造は、どの会場でも日本のことを紹介したが、アメリカの人々には、『武士道』の出版によって、名前は知られていたので、会場はどこも満員であった。

講演の内容は「一、東洋と西洋、二、国土、地理的特質とその住民との関係、三、過去とその現在に対する意味、四、民族と国民性、五、宗教信念、六、道徳と道徳理想、七、教育と教育問題、八、経済条件、九、植民国としての日本、一〇、ペリー到来以前の日米交渉」であった。この講演の内容は後に『日本国民』という本にまとめられた。

このように新渡戸は、日本のことを紹介するとともに、日本が世界の国々と友好関係をもちたいと願っていることを熱っぽく語った。その結果、アメリカの人々の日本に対する誤解は少しずつ消えていった。特に戦争について、アメリカ各地の講演会場で、「日本人は戦争を好んでいるのではないか」「日本人は平和を望むのか」といつも同じ質問をされたという。新渡戸は「いや、日本人は戦争を好まない。戦争をするのは、やむを得ないためである。日本は、決してこちらからは戦争をしかけたことはない。日清戦争・日露戦争も、みな相手からいどまれてやったのだ」「ヨーロッパ諸国はもちろん、アメリカでさえ、一〇〇年ごと、五〇年ごとに戦争をしている」と弁明したという。

しかし、情けないことに日本の歴史は西洋にはよく伝わっていないし、西洋の人々は日本のことを研究もしていない。西洋人は、日本の歴史のことを知らないで、新聞だけを見て日本のことを知るのであれば、日本人は戦争好きだと誤解されるのも無理はない。そこで、アメリカや欧州の誤解を解くために、我々が集まって議論をし、戦争をやめる方法について、一歩でも二歩でも研究を進めることができるならば、これほどすばらしいことはないと、新渡戸は考えた。新渡戸稲造の全米各地の講演は、反日言論で評判の雑誌でさえ、友好的報道に変わったというから、日米友好に大いに貢献し、高く評価された証左である。

請われて東京女子大学長に就任

一九一〇（明治四三）年イギリスのエディンバラで開かれたキリスト教世界宣教大会における決議に基づいて、日本に新たに女子大学が設立されることになった。一九一八（大正七）年、佐藤昌介は北海道帝国大学の初代学長になっていたが、旧知のアメリカ長老派教会の宣教師のオーガスト・K・ライシャワーから相談を受け、新渡戸稲造を最適任者として推薦したわけである。新渡戸は、この計画に非常な好意をもち、助力することを約したが、すでに、新渡戸は津田梅子の女子英学塾の社員として女子高等教育に協力しているので、学長としては不適任と辞退した。

しかし、女子高等教育に通じた人物は乏しく、迂余曲折の末に、安井てつ学監が実務を行うこととして、新渡戸稲造が学長に就任することになった。一時は津田梅子は安井てつを女子英学校の後継者にと思っていただけにその落胆は大きかった。

婦人の教育については、新渡戸がすでに若い頃、欧米の留学体験から、男女区別なく高等教育がされている先進諸国に比べ、いかに日本の現状が貧弱であるか疑問をもっていた。そして、一九一一年、初の日米交換教授としてアメリカで講義した際、当時立ち遅れていた女子教育にも取り組むべき必要を説いたばかりであった。

かねてから新渡戸は、女子の教育は、やはり女子のキリスト教者であって、しかも日本国民としての本質を失わない徳と学を備えた女子教育者の育成を願っていた。

そのイメージにぴったり合った女性、それはパリの万国博の折、初めて顔を合わせた安井てつ女史であった。そこで理事たちが再三懇望した結果、女史は、「新渡戸博士が新女子大学の学長に就かれること」を条件として学監就任を受けたのである。

こうして、北米のプロテスタント諸教派の援助のもとに、東京女子大学が一九一八年に東京府豊多摩郡淀橋町字角筈（現在の新宿）を校地に、開学した。オーガスト・K・ライシャワー（ライシャワー元駐日アメリカ大使の父）は常務理事として、財政を担当し、大学の礎を築いた。

東京女子大学本館

東京女子大学本館

アントニン・レーモンドの設計で一九三一（昭和六）年竣工。本館の正面の壁に刻まれたラテン語〝QUAECUNQUE SUNT VERA〟（すべて真実なこと）は、新約聖書の一節をとったものである。

学長に就任した新渡戸は、単に実際の授業中心の学校ではなく、時間割に自由時間を設けて、学生が自由に議論したり図書館で読書したり、研究したりする時間を十分とれるよう配慮した。一方通行の講義だけでは自発性のある人材は育たないことを、この時代のアメリカの教育の実態から理解し、自主性を重んじた教育の重要性を理念としたのである。

国際連盟事務局次長としての活躍

一九二〇年、第一次世界大戦の後、世界平和実現の理想に燃えたウィルソン大統領の提唱で初めて国際連盟が結成された。そして列強の一角を担うようになった日本から、四人の事務次長の一人として新渡戸稲造が選出された。国際人として、その深い学識と高潔な人格をかわれたわけである。また新渡戸稲造とウィルソン大統領とは、ジョンズ・ホプキンス大学での同窓生であり、ウィルソンの推薦があったという。

ウィルソン大統領は、当然、新渡戸が選ばれることを前提にして、大きな国、連合国側で戦勝国となり、アジアの軍事大国となった日本から事務局次長を出すよう要請し、日本は国際人・新渡戸稲造を選んだわけである。

一九二六（大正一五）年までの七年間、新渡戸は次第に露骨になる日本軍部の独走と軍国主義化に悩まされながらも、世界で初めての連盟精神の普及に努め、連盟のスポークスマンを務めるようになる。そして国際連盟の建設的事業として国際協力事業を興し、国際知的協力委員会を創設した。その時のメンバーであるフランスのベルグソン、キュリー夫人、ドイツのアインシュタイン、イギリスのギルバートなどと新渡戸は親交を結ぶのである。この委員会では著作権、著書目録、大学の三つの分科会が設置され、国際的な協力体制について話し合っている。

また、エスペラント語を公用語とする件でも積極的に活動している。この時の決議案の提出理由で新渡戸は、リンカーン大統領の再選演説の言葉を引用し、「何人にも悪意を向けず、万人に慈愛を」と訴えたが、フランス代表の激しい反対により、結局審議は先送りされてしまった。しかし、エスペラント語は、世界の主要な言語を話さない多数の、どちらかと言うと貧しい民族の人たちに広く支持され、もう一つの公用語として認められることが期待されていた。のちに、一九九六年、新たな国際機関、「ニトベ・シンポジューム―平和のための言語」の設置が決まった。世界のエスペランティストは、新渡戸が熱心なエスペラント語の擁護者であったことを決して忘れていなかったのである。

日米の友好を訴えた太平洋会議

日本が国際連盟を脱退した直後であっただけに、新渡戸の心境はいかばかりであったろうか、日本政府の重大な使命を帯びてカナダのバンフで開かれる第五回太平洋会議に出席した。難局に立つ日本の国際的理解の増進に精魂を尽くすためであった。

会議では、満州問題は議題にならなかったが、日本代表の新渡戸は、「国際連盟を脱退しても国際協調という日本の方針に変わりはない」と演説するが、いつもの生彩を失っていたという。

この会議での新渡戸の演説について、東京女子大学の湊晶子元学長は、これは新渡戸の遺言であり、現代に対する遺言であるとし、その演説の一部を紹介している。

「日米両国政府の間には、対立がある。しかし、人と人とは、お互いには悪意を抱くものではない。今、こうして友情の日を過ごしていることが、共通の文化と伝統の通産を持つ両国民の究極の和解への道へと通じることになるのかもしれない。これを、誰が否定しえようか。囲を異にする者の間での個人的な触れ合いこそ、今、あまりにも多くの災禍に悩むこの世界にあって計り知れぬ結果をもたらすことになるのではなかろうか」

湊元学長の最も感動を覚えたというこの演説こそ、新渡戸の人格教育の原点であろう。その一つは個人として、もう一つは国として、まさに個人として、和解の大切さ、人と人の間の和解が究極的には世界の平和を作り出していく。

「平和をつくりだす者は幸いである」

平和はやって来るのではなくて、作り出すものであるということを私たちに教訓として残した。この会議の後、再びアメリカでの遊説の旅に出る予定だったが、ヴィクトリアのホテルで腹痛をおこして入院する。約一カ月後、メアリー夫人らの見守る中で手術を受けるが、膵臓や大腸が病魔におかされており、帰らぬ人となった。七一歳だった。

新渡戸は年来の願望であった「太平洋の懸け橋」となって日米間の誤解を解くため、最後まで努力し、愛国心を発揮した。

カナダに住む日本人たちは、国際平和の使者として労を惜しまなかった博士のために、バンクーバーに石燈籠を建て鎮魂した。しかし、戦争で忘れられて路傍の石になっていた。

戦後になり、一九四五年、博士の生前の友人でコロンビア大学の学長だったノーマン・マッケンジーが、自宅から学校への往復の途中これを発見し、日系二世たちに知らせた。彼らはさっそくそこにその石燈籠を中心とした日本庭園を造ったのである。

その燈籠には今、「新渡戸稲造（一八六二～一九三三）国際間の善意の使徒」の文字が刻まれている。

第七章　隣人愛を実践し、日本へ帰化したメレル・ヴォーリズ

近江八幡に根をおろした文化人

ウィリアム・メレル・ヴォーリズ（一八八〇〜一九六四）の先祖はオランダから新大陸に移住したピューリタンである。ピューリタニズムの勤労主義と合理主義はヴォーリズの思考と行動の基になっている。建築を例にとれば、彼が関わり、設計した建造物は堅牢であり、利用者の立場で快適さを追求した作品で占められている。日本各地に、一六〇〇カ所にものぼり、その多くは現存し、西洋館でありながらどこか懐かしい、雰囲気をもち、今でも多くのファンがいる。

それでは、ヴォーリズはどのような人物だったのか、その人物像を一言で表すのはとても難しい。「建築家」と言ってしまえば、確かにその通りであるが、一面で「メンソレータム」の輸入販売を行った実業家でもあり、病院や学校を設立し、経営した社会事業家でもある。また、個人的には音楽を愛し、ハモンドオルガンを日本に初めて持ち込んだのもヴォーリズであるし、そして同志社大学カレッジソングの作詞者であり、音楽家でもある。

このように多才なヴォーリズであるが、一見、何のつながりも見いだせないさまざまな活動をつなぐ糸は、「キリスト教の伝道」というヴォーリズにとって生涯変わることのない使命を自覚していた。このヴォーリズ個人が利益や欲求のためでなく「キリスト教伝道」をキーワードにして、戦時中も帰国することなく日本人として活動したのである。

キリスト教伝道の志

ウィリアム・メレル・ヴォーリズは一八八〇年一〇月二八日、アメリカ・カンザス州レブンワースで、商人の父・ジョンと母・ジュリアの長男として生まれた。両親ともに敬虔なキリスト教徒であった。二歳の時、腸結核にかかったこともあって過保護に育てられた。七歳の時、一家はアリゾナ州フラッグスタッフに転居したが、アリゾナの大自然の中、のびのびと育った。この頃より教会音楽に欠かせないオルガンを弾くのに夢中になった。デンバー市のイーストデンバー高校を卒業し、一九〇〇年、コロラド大学で哲学を学び、在学中に建築家を志し、マサチューセッツ工科大学へ進むことを考えていたが、在学中、ＹＭＣＡの活動に励み、海外伝道学生奉仕団の大会に参加した時に出会ったテイラー女史の講演に感銘を受け、海外伝道へ身を捧げることを決意した。一九〇四年、コロラド大学を卒業すると迷わずスプリング市のＹＭＣＡ副主事として就職した。

そして、学んでいた建築学を中断し、海外伝道学生奉仕団の一員として一九〇五（明治三八）年、「チャイナ号」で一九日間の船旅をして横浜港へ到着した。ヴォーリズ、二四歳の時であった。

そして、東京ＹＭＣＡを通じて、日本の公立学校が英語教師を求めていることを知り、一九〇五（明治三八）年に滋賀県立商業学校（現・八幡商業高等学校）英語教師として着任した。

ここでヴォーリズは英語教師をしながら、授業終了後には自宅でバイブルクラスを開いた。ヴォーリズの人柄から、生徒の人気は高く、評判になり、多くの生徒が集まった。そして生徒の中の多くが洗礼を受けることを希望するようになった。その中に、ヴォーリズを生涯支えることになる吉田悦蔵がいた。しかし、ヴォーリズのキリスト教伝道に快く思わない校長は、バイブルクラスに難色を示すようになり、結局、ヴォーリズはわずか二年足らずで英語教師を解任されてしまうのである。

近江兄弟社の設立

ヴォーリズは一九一〇年に、いったん帰国の後、建築家のレスター・チェーピンを伴い、再度近江八幡へ戻って来た。そこで商業学校の卒業生である吉田悦蔵と三人でヴォーリズ合名会社を創立した。同時に教え子の村田幸一郎や同志社教会の牧師、武田猪平の参加を得て、近江ミッションを結成した。後の近江兄弟社である。

建築家としてのヴォーリズは、家族が集まる食堂を住宅の中心にすえ、独立した子ども部屋がきちんとしているアメリカ風の住宅を数多く作った。このことは日本の住宅の近代化に大いに役立った。今一つ、宗教家としては、幼稚園やＹＭＣＡ会館での活動を中心に、地域住民の信用を高めるという、柔軟な方法をとった。彼は病弱だったから、医療への関心が人一倍強く、診療所やサナトリウムを作ることにも力を入れた。

一九一五（大正四）年九月、ヴォーリズは伝道の便のためにモーターボート、「ガラリヤ丸」を琵琶湖に進水させた。この日から彼は船で湖を周航しながら、船上や寄港先で布教をした。ちなみに、このモーターボートはヴォーリズのアメリカでの友人であり、メンソレータム社の創業者であるA・A・ハイドの提供によるものだった。

ヴォーリズは一九二〇年、ヴォーリズ合名会社を解散、兄弟愛を経営の根幹とする近江セールズ株式会社を設立した。建築材料や雑貨の他、メンソレータムの日本での発売元になった。また同時にヴォーリズ建築事務所を設立した。

ヴォーリズが日本で伝道活動をしていく上で、その活動を支えるため、当時アメリカの家庭常備薬の人気商品だった「メンソレータム」の発明者A・A・ハイドからメンソレータムの日本での販売権の譲渡を受け、近江セールズがこれにあたったのである。

最初にヴォーリズが実業家として成功したのがこのメンソレータム（現メンターム）の製造、販売事業である。メンソレータムの販売は好調で、日本でも爆発的人気商品になり、広く日本に普及し、収益の柱になった。ヴォーリズ建築設計事務所と合わせ、八幡商業学校の卒業生たちの多くが就職した。社員のうち、建築部員は三五人ほどで、他はメンソレータムを扱う雑貨品輸入販売部の社員が主力で、全体では二〇〇人を超えていた。伝道活動は全社員が分担するという、キリスト教主義のユニークな共同社会を築って展開した。その結果、伝道の活動を行うための資金を作るための事業として十分な資金が蓄積され、ヴォーリズの社会貢献事業に大いに寄与することになった。

近代建築の先駆・ヴォーリズの西洋館

ヴォーリズは北海道の網走に近い北見から鹿児島に至る日本各地で数多くの西洋建築を手がけた。日本のキリスト教主義の大学を中心とする学校建築、キリスト教会堂、ＹＭＣＡ施設、病院、百貨店、住宅など、その種類も様式も多彩であり、彼が設計した建物は全国で一六〇〇棟以上になり、耐久性も高く、現在残っているものも数多くある。

建築家として独特の設計理念をもち、一貫してそれを実践しているのが建築物に表現されている。その理念はヴォーリズ自身が次のように述べている。

「（略）私たちはまず、建築主の意を汲む奉仕者となるべきです。私達の主張するところは、建築様式の人を驚かせるような新しい発案ではありません。私達が一貫して守り続けてきたことは、簡単な住宅から複雑で多様な目的を持った建築に至るまで、最小限度の経費で最高の満足を請け合うために確かな努力をしたことです。（略）このような建築を個人的な気まぐれで着飾り、自己宣伝のための広告塔や博物館向きの作品のように心得て設計すべきではありません。建物の風格は人間の人格と同じく、その外見よりもむしろ内容にあります」

そして、ヴォーリズの住宅に関する基本的な考え方として、安全性、快適性、プライバシー、健康性、精神性の五つをあげ、それは個人だけでなく、家族、国民一般に及ぶ問題であると指摘している。そこにはヴォーリズの合理性、質実性、奉仕などピューリタン精神がよく表れている。

また、ヴォーリズの設計した多くの建物は、現在でも耐震性に問題がない堅牢なものが多く残っている。

レスター・チェーピンが構造的な部分でヴォーリズの設計に大きく影響を与えていたと思われる。山の上ホテル本館や大丸心斎橋店もそうであるが、多くの人々が集まる学校の校舎や礼拝堂は特に耐震性、堅牢性に留意されている。ヴォーリズ建築物の学校建物で著名なものには、明治学院大学、同志社大学、西南学院大学、関西学院大学、旧制大阪高等医学専門学校（現大阪医科大学）、近江兄弟社、横浜共立学園、神戸女学院大学、西南女学院、遺愛学院、梨花女子大学校（韓国）、滋賀大学、八幡商業高等学校など現在、国の重要文化財に指定されているものが多い。またプロテスタント系の大学が多く、アメリカンボードなど、アメリカ人からの寄付金が使われ、これらの建物をベースにして、多くのアメリカ人宣教師が教職、伝道に従事し、交流した国際化拠点であった。

社会貢献事業の積極的推進

ピューリタン精神は決して資本主義経済を否定するものではない。一生懸命働いて稼ぎ（利益）を増やすことは何ら気おくれすることなく、フェアな競争に打ち勝つことはほめられて然るべきである。ただ資本主義の枠組みの中で上げた利益を何に使うか、あるいはどのようなことに活用するかで評価が分かれるのである。

ヴォーリズは近江兄弟社の企業収益を近江ミッション、ＹＭＣＡ活動を通じて伝道、そして出版活動として、一九一二（明治四五）年にキリスト教家庭雑誌『湖畔の声』を創刊した。さらにまた病院経営（現・ヴォーリズ記念病院）、学校経営（現・近江兄弟社学園）の二つの事業を運営した。社会に還元してこそ、高い評価を受けるのである。ヴォーリズはそれを「神の事業」と言った。

後に、近江兄弟社はメンソレータムのヒットで製薬会社として有名になるが、ヴォーリズ没後の一九七四（昭和四九）年に経営状況が悪化し、現在の「メンソレータム」の商標はロート製薬株式会社へ売却、移行したが、現在、近江兄弟社では「メンターム」として依然として医薬品を販売している。

さて、ヴォーリズは一九一八（大正七）年、当初は難病といわれた結核治療の結核療養所（サナトリウム）として近江療養院を作ったが、その後、総合病院になり、現在はヴォーリズ記念病院という大きな病院になっている。建物の設計はもちろんヴォーリズが行い、建設資金はアメリカ人のミス・ツッカーの五〇〇〇ドルの寄附金がもとになっている。

このように、ヴォーリズは企業収益を財源にして、伝道、教育、病院などの社会貢献事業を推進したが、同じ時期、倉敷紡績の他、多くの事業を手がけ、地方財閥を形成した大原孫三郎は同じように、社会福祉事業、文化事業を展開した。二人は一八八〇（明治一三）年生まれの同い年であるばかりか、理念がまったく共通しているのには驚かされる。

ヴォーリズ精神と近江商人の共通性

世界で商売上手な民族といえばユダヤ人の「ユダヤ商法」を指し、自由主義経済のアメリカでは経済活動の中核を占めている。日本では江戸時代に端を発した「近江商人」を解剖するのが近道だといわれる。

ヴォーリズは近江八幡を拠点にし、六〇年以上住み続け、ビジネスと伝道、社会事業など多方面に貢献した。ヴォーリズが「近江商人」のことを認識していたかどうかは別として、両者の間には驚くほど共通点がある。

近江商人は確固たる独特の商人道、精神をもっているところに特徴がある。その精神については、正直、勤勉、倹約といった日常道徳心の高さがもちろん基本になっているが、「商いの基本を忘るべからず」の思いを象徴するものとして「天秤棒」の存在がある。また商取引で、当事者の売り手と買い手だけでなく、その取引が社会全体の幸福につながることが必要であるという意味での、売り手よし、買い手よし、世間よしという「三方よし」の理念は、近江商人の経営理念に由来する。まさにヴォーリズの事業から得た利益を社会福祉事業、文化事業に還元した点と重なるところが多い。「近江商人」の家訓などに多くみられる「陰徳善事」（人知れず社会に尽くす）につながるものである。

商買とは勤勉と倹約の結晶として得られた利が事業継続を可能にするため、再投資され、そして社会に還元されなければならないという理念である。「近江商人」は「ノコギリ商い」と言われ、上方の完成品や特産品を地方商人に卸売り、持ち下り、帰路は地方の物産、原材料などを持ち上がるという、効率的商売を行った。

一方近江兄弟社は、アメリカンドリームを夢見て、東部から西部に移動したフロンティア精神に似通ったところがある。その企業理念は、「事業は社会から遊離したものではなく、常に顧客の求めるものを提供し、社会的な責任を負う」というものである。まさに近江兄弟社の経済・文化活動、そして社会福祉事業がそれを裏づけている。

教育家としても多才なヴォーリズ

ヴォーリズの設計した建物はキリスト教系の学校の校舎が多いが、近くでは京都の同志社に、啓明館、アーモスト館、致遠館、新島遺品庫と四棟ある。建物だけでなく特につながりの深いのは、ワン・パーパスで始まる同志社カレッジソングの作詞者はヴォーリズであるということである。ヴォーリズは青年期、詩作、器楽にも親しんでいて、讃美歌などの作詞・作曲を手がけ、ハモンドオルガンを日本に紹介するなど、音楽についての造詣が深かった。

当時、同志社大学で、学生の合唱の指導をしていたのが第五章で述べたシドニー・ギューリック教授で、作詞をヴォーリズに依頼したわけである。ヴォーリズは「同志社」の名前をワン・パーパス（一つの志）と英訳して、これを巻頭に冠した校歌を作った。つまり、ドイツ統一運動で生まれた軍歌「ラインの守り」のメロディが、その「最も青年らしく、元気に満ち満ちた曲」としてイェール大学から同志社大学へとリレーされたわけである。歌詞の一節は「神のため」二節は「同志社のため」三節は「祖国のため」そして四節は「世界同朋のため」で締めくくられている。

教育家としてのヴォーリズは近江兄弟社学園の理事長を本職としながらも、同志社大学文学部で英作文や詩篇を教えたり、京都大学、東京大学でも文学部非常勤講師を務めている。特にヴォーリズは、建築や作詞だけでなく、同志社の理事や評議員にもなり、経営にも参画し、弟子の吉田悦蔵とともに、同志社大学とは浅からぬ縁がある。

一柳満喜子と結婚し、日本へ帰化

メレル・ヴォーリズは一九一九（大正八）年、三八歳の時、一柳満喜子（三四歳）と自分が設計した明治学院礼拝堂で結婚式をあげた。満喜子は、江戸時代に小野藩（現在の兵庫県小野市）を継ぐ子爵・一柳末徳の三女である。いわば殿様のお姫様、その当時は華族の一員であった。

ヴォーリズに自宅の設計を依頼した広岡家の当主が満喜子の実兄であったため、ヴォーリズとの詳細の打ち合わせに満喜子が立ち会ったのが二人が知り合い、互いに信頼感をもつきっかけになった。華族の令嬢が外国人と結婚するのに宮内省の許可やら、何かと手間取り、当初はアメリカ籍でもなく、日本籍でもなく、留保されていた。

その後、日清戦争を経て日本は列強の仲間入りをしたが、日米両国関係の葛藤が次第に強まったため、ヴォーリズは日本永住を決意して、一九四一（昭和一六）年、夫人の戸籍に入り、一柳米来留《めりる》と改名した。アメリカより来て、日本に留まるという意味である。

そして、その年の一二月八日、日本とアメリカの間で太平洋戦争が勃発する。戦時下、日本のキリスト教関係者は挙って辛い時期を過ごした。ヴォーリズ夫妻もまた、主として軽井沢の別荘に住んで、孤独な暮らしをせざるを得なかった。帰化をしても戦争中はスパイ容疑をかけられるなど、不自由な生活を強いられ、戦争が終わるまで、軽井沢で夫人とともにひっそりと暮らした。

そして一九四五（昭和二〇）年、日本の敗戦とともに苦難を切り抜けたヴォーリズ夫妻は再び近江八幡に戻る。アメリカ的なものを歓迎する戦後日本の流れを背景にして、ヴォーリズの布教活動も学校経営も飛躍的に伸び、近江兄弟社を幼稚園から高校までの一貫教育の学校にすることができた。学校の運営は主として満喜子夫人と吉田悦蔵があたった。単に近江兄弟社の教育事業についてはもちろんのこと、メレルの事業成功には、満喜子夫人の人的交流の役割などの貢献は大きかった。

一柳満喜子が教育事業を推進

一柳満喜子は神戸女学院を卒業し、アメリカのプリンマー女子大学へ留学した。ヴォーリズに似つかわしい才女であり、教育者であった。

近江兄弟社の諸事業の中で、教育事業は一つの重要な柱となっている。その教育事業の発端は、一九二〇（大正九）年、プレイグラウンドとして出発した清友園幼稚園の設立であった。近江兄弟社の創立者、一柳米来留は、この清友園幼稚園の創設を「我々は以前から願っていた新しいタイプの教育事業を始めたいと思う。キリスト教教育のあるべき姿を、実際に示すことができるならば、現在の日本の教育界において問題解決の確実な貢献をなし得るであろう」と語っている。一九〇五（明治三八）年、滋賀県立商業学校の英語教師として赴任するために来日し、同校を伝道活動のゆえに解雇され、挫折したヴォーリズ（一柳米来留）にとって、まさに「新しいタイプの教育事業」は、来日以来の念願であったといえよう。

だが、この教育事業はメレル・ヴォーリズの発議によるものではなかった。これを提唱し、推進したのは、妻、一柳満喜子であった。ヴォーリズは、満喜子による教育事業について、次のように語っている。

「教育事業は、満喜子の創意にかかわるものであった。満喜子は新しい方法を紹介し、生徒ばかりでなく、教師も訓練の対象としている」

満喜子はまず子どもたちに建設的な遊び場を造る必要を感じ、プレイグラウンドの仕事を決意し、兄弟社の空地を用い、自分の小道や少しの持ち物を現金に換えてその費用に足し……遊びに来る子どもたちのために、雑誌部、英語部、料理部などの活動を開始した。

この経緯を満喜子は「当時の兄弟社の実行委員会は、金銭を要する事はしないという決議でしたが、これは金銭の問題ではなくキリスト教教育をするのだという事で、神のお導きを受けて、幼稚園は出発しました」と述べている。

「天よりの賜物」として開始されたプレイグラウンドは、一九一三年八月に、正式に県の認可を受け、清友園幼稚園となり、これが兄弟社教育事業の最初の基礎となった。

一九三三年には、メレル・ヴォーリズとともに兄弟社の創立に尽力した吉田悦蔵の提唱によって近江勤労女学校が開設された。一九三四年、近江ミッションは近江兄弟社へと名称を変更し、幼稚園経営や、農繁期に農民の子どもを預かる託児所などを設けたので、地域社会から歓迎された。満喜子の幼稚園教育に対応した中等教育機関としての近江勤労女学校は、吉田悦蔵を校長とし、午前中を学課学習にあて、午後は労作による学習をする五年制のユニークな学校であった。これと平行して、一九三三年五月に、メンソレータム女子従業員の教養増進を目的とした教育事業が企図された。満喜子は指導者として、この事業の責任を担うことになった。これは向上学園と呼称され、当初、毎日午後、女子従業員を対象に学課学習を一時間ほど行い、土曜日は家政、洋裁、茶の湯を交互に習うことにしていた。そして一九三四（昭和九）年一〇月、教育課程の充実を図り、一九三七年からは全女子事務員をも含む教育機関とした。またこの他、図書の設備、食後の音楽による情操教育にも力をいれた。

このように一柳満喜子は近江兄弟社学園の学園長を務め、教育事業は夫、メレルに代わって実質上の運営者であった。

現在も保育所、幼稚園、小学校、中学校、高等学校と一貫教育を行う、近江兄弟社学園として隆盛している。

「天皇の人間宣言」を演出

ヴォーリズは満喜子夫人が華族出身であるということもあり、皇族・華族階級である日本の上流階級とも、親しく交流をもつに至ったのである。戦時中、夫妻で軽井沢に隠遁していたこともあり、交際も限られていたが、一九四五年九月六日、元産業中央金庫理事・井川忠夫という近衛文麿（一八九一〜一九四五）元首相の密使の突然の訪問を受けた。「近衛が天皇陛下の件について、ダグラス・マッカーサー元帥（一八八〇〜一九六四）と話し合いたいので、ヴォーリズに会見の段取りを依頼したい。同時に天皇は決して軍国主義者ではないことをマッカーサーに伝えてもらいたい」という近衛からの依頼と伝言を聞いて驚いたが、ヴォーリズは事の重大さを理解し、その申し出を快諾した。

井川忠夫は旧制一高で近衛と同期であり、東大卒業後大蔵省に入り、蔵相・高橋是清にも重用され、大蔵財務官としてニューヨークに駐在した人物であった。日米関係打開のため、野村大使の裏方となってハル国務長官やルーズベルト大統領の選挙事務長で、郵政長官のウォーカーらに接触し、根回しした人物でもある。ヴォーリズは近衛のブレーンである井川を信頼したため、翌日の早朝、井川と一緒に汽車で東京に向かったのである。

その日のヴォーリズの日記には、「(責任の重大さに)身体に鉄を流し込まれる思いがする」とある。九月一〇日、ヴォーリズは、マッカーサーの副官、バートレット少佐と会うことができた。そこで、マッカーサー元帥と近衛文麿の会談をセットしてもらえるように依頼を行った。そして、この時に、バートレット少佐から、マッカーサーが天皇の(戦争犯罪者としての)処遇を思案中であることを聞き出した。ヴォーリズは事の重大性を認識し、思案した。そして、九月一二日、ヴォーリズは近衛文麿公に会い、天皇が日本の象徴として人間宣言をするというアイデアを提案した。クリスチャンとしてこの上もない最善の提案であると思ったからである。

その日のヴォーリズの日記には、「けさ午前四時から五時の間、『天皇陛下の一言』として与えられる詔勅(Rescript)、あるいは宣言(Declaration)について示唆に富んだ言い回しを思いついた」とあり、ヴォーリズが「天皇の人間宣言」の提言を裏付けている。

近衛公は、趣旨を了解したため、横浜へ向かい、ニューグランドホテルでバートレット海軍少佐に会い、(近衛公との会談の件を)マッカーサー元帥に報告したこと、そして二人の会談を翌一三日に行うことになったのである。

マッカーサー元帥は、近衛公に会うことと、会見に臨む近衛公のために、交通手段と軍の護衛を付けることにしたということであった。こうして、ヴォーリズが軽井沢から東京に向かってから一週間後に、マッカーサー元帥と近衛文麿の会談が本当に実現したのである。それから二週間後の九月二七日、昭和天皇がマッカーサー元帥を訪問したのである。

この時、陛下は、自らの命を捧げる代わりに日本国民の「生命」の救済をマッカーサーに嘆願した。マッカーサーは、天皇の、その国民を思う真摯な態度に打たれ、天皇の戦争責任を不問にすることを決意し、それから「日本国の統治において天皇の存在は必要不可欠」と考えるようになったと言われている。そしてしばらくして、天皇陛下のいわゆる「人間宣言」が出された。

このマッカーサーの重大な決意の裏には、ヴォーリズの、天皇陛下を守りたいという一心からの働きかけがきっかけであった。とすればキリスト者として、天皇の神性を認めることなく、人間天皇を敬愛していたヴォーリズこそ、「人間宣言」の草案作成に最もふさわしい人物だったことは間違いない。しかしながら、ヴォーリズは一九六四（昭和三九）年に八四歳の生涯を閉じるまで、一切そのことを口にしなかったが、GHQとの一連の交渉などは「メレル・ノート」というべきメモを残していて、現在財団法人近江兄弟社に現存している。

昭和天皇を守ったヴォーリズの役割

前項で述べたように、天皇による「人間宣言」が表明され、結果的に天皇の戦争責任が回避された。陰になって演出したヴォーリズの役割は大きい。

一九四七年六月一〇日、京都・大宮御所でヴォーリズは昭和天皇に「拝謁」を許され、約十数分にわたって会話をする機会が与えられた。これは前もって計画され、偶然という形で御所の庭での「拝謁」が実現したものであるが、それまでヴォーリズが昭和天皇のために尽くしてきたことに対する天皇側の謝意を示すものであったことは間違いないだろう。

天皇はヴォーリズがすでに四〇年以上も在日していることを知っており、戦争中窮屈なことや圧迫されたことはなかったかと尋ね、さらに結核療養所やメンソレータム（当時）の他にどういうことをしているかと質問した。

また、一九八三年一〇月三一日の東京新聞には、「米人宣教師、ウィリアム・M・ヴォーリズ師はマッカーサー元帥を訪ね、天皇処遇問題で近衛文麿元首相と会談するように仲介工作の労をとった……」と記述されている。

そして一九六八年、満喜子夫人は『失敗者の自叙伝』の序文に、亡き夫を偲んで次の一文を載せている。

「大東亜戦争は日本の敗北に終わり、マッカーサー元帥は、天皇を戦犯第一人者と考え、日本に進駐してきました。その時、米来留は、当時政権の裏にあって国を守るため生命をかけ、熱心に奔走された近衛公に、極秘のうちに用いられ、単独マッカーサー元帥横浜のキャンプに、差し向かい、天皇は、この戦争には責任のないこと、天皇ご自身は、自分を神とひとしいとは考えておられないことを証明し、その結果、元帥の信頼を受け、これらを信じてもらい、天皇に対する敬意を、高くするご用を果たしました。この一挙は、戦後わが国の発展に、多大の影響を及ぼしたと申しても過言でないと思います」

と亡き夫の偉業を述べている。

ヴォーリズは一九五七（昭和三二）年、軽井沢で、クモ膜下出血で倒れ、七年間の闘病生活の後、近江八幡が「世界の中心」だと言い一九六四年に他界した。満喜子夫人やかつての同志たちとともに、近江八幡市北の庄の山麓にある恒春園墓地に眠っている。こよなく愛したヴォーリズ夫妻の自宅は現在、「ヴォーリズ記念館」（一柳記念館）となっている。

ヴォーリズのアルバムの中には皇室に関する写真が多いが、特に三笠宮殿下や高松宮殿下は何回か近江八幡を訪れている。一九六一年には三笠宮殿下が病床にあるヴォーリズを見舞ったことが記録に残されている。

なお、ヴォーリズは存命中の一九五八年、近江八幡市の名誉市民第一号になっているが、ヴォーリズの生地であるレブンワース市と社会奉仕と事業の拠点となった近江八幡市は、兄弟都市提携を結び、日米友好の象徴になっている。

第八章　戦前最後の親日派アメリカ大使・ジュセフ・グルー

日米関係の葛藤が始まった時期に着任

日米関係はアメリカでの一九二四年、「排日移民法」成立以来のギクシャクした関係が続いていたが、話し合いも継続して続けられ、一九三〇年には海軍軍縮条約も締結された。

そうした中、ジョセフ・C・グルー（一八八〇～一九六五）は一九三二年五月、駐日大使として東京に赴任した。時は満州事変であったが戦火は終息しており、日本がリットン調査団を受け入れていた時期であった。

グルーは二度目の来日である。大学に入学の前一九歳の時に、父とともにアジア旅行に出かけ、中国の他、日本に立ち寄り、東京、京都、大阪、神戸を訪問している。その時は、京都で父親とともに、同志社内にあるデントンハウスに米からの宣教師・メリー・F・デントンを訪ね歓談している。ジョセフ・C・グルーは、一八八〇年、銀行家でもあり毛織物商でもあった富裕な家庭の、姉一人兄二人の末っ子としてボストンで生まれた。ボストンの名士という家柄でイギリスから渡ってきたアングロ・サクソンの名家で、一族にはモルガン財閥も名を連ねていた。

厳しい躾のもとに将来のエリートを育てるグロートン校に進んだ。グロートン校の二年後輩にはフランクリン・ルーズベルトがいた。それからハーバード大学に進み、一九〇二年に卒業すると、父親は出版業に進むことを希望したが、グルーは自分の意志で世界の人々とつきあえる仕事として外交官を選択した。

ジョセフ・C・グルー

妻のアリスの旧姓はアリス・デ・ベルマンドワ・ペリーといい、黒船を率いて最初に日本に来たペリー提督は祖父の弟にあたる。アリスの父、トーマス・ペリーは福澤諭吉に招かれ、慶應義塾の教授であった。アリスは少女時代を東京麻生で過ごしたのである。

ジョセフとアリスは同時期に日本を知っていたことにより、後年ボストン社交界で、急速に親しくなり、結婚するに至った。

グルー夫妻はカイロの領事事務官として出発した若き外交官で、「ボストンの名家」出身の妻のアリスと一緒に世界中を転々としたのち、ベルリンに約九年間駐在した。アメリカが第一次世界大戦に参戦する前のことであるが、パリ講和会議におけるアメリカ代表団の秘書としての仕事ぶりをウッドロー・ウィルソン大統領の顧問エドワード・M・ハウス大佐に認められたグルーは、一九二〇年、公使に昇進した。駐デンマーク公使、駐スイス公使となり、一九二二〜二三年にかけてトルコ問題を扱ったローザンヌ講和会議ではアメリカ代表を務めた。ローザンヌ会議によって、練達した外交官としてのグルーの評価は確立し、一九二四年からヒューズ国務長官のもとで、国務次官として三年間務めた。その間、専門的な外務職員局を作ろうというグルーの計画は、議会からも世論からも厳しい批判を浴びた。一九二七年の春、面子をつぶされた国務次官は駐トルコ大使に指名されたことを幸いにトルコに赴き、以後五年間はその職に満足していた。

さて、グルーが日駐在大使として着任してから、一九三五（昭和一〇）年頃までは、軍部はともかくとして日本国民の反米感情はそれほど悪くはなく、政財界の人脈を作りに力を入れた。

二・二六事件の衝撃

グルー大使は二・二六事件が起きる前日、アメリカ大使館に、斎藤実内大臣夫妻、鈴木貫太郎侍従長夫妻をはじめ各界の名士一五組を晩餐会に招き、当時としては珍しかったトーキーの映画鑑賞を堪能し、一一時半頃散会した。その五時間後、首都の静粛の夜明けに銃声が響いた。斎藤実は三六発の銃弾を受けた。グルーは翌日危険を顧みず、斎藤邸を訪れ、未亡人に弔意を伝え、落涙した。

一九三六年二月二六日、陸軍の一部皇道派将校に率いられた一四〇〇名の兵が首相・陸相官邸、内大臣私邸、警視庁、朝日新聞などを襲撃、陸軍省・参謀本部・警視庁などを占拠し、クーデターを起こす。クーデターは、午前五時に一斉に開始された。

この事件で斎藤実内大臣、高橋是清蔵相、渡辺錠太郎陸軍教育総監らが殺害され、首相官邸でも岡田啓介首相は難を逃れたものの義弟の松尾伝蔵陸軍大佐が身代わりになって殺された。決起将校は、政府・軍の中枢である霞が関から三宅坂周辺を完全に占拠し、川島陸軍大臣に決起趣意書と七項目からなる要望書を提出して「昭和維新」の断行を迫った。

政府はクーデター開始から翌二七日になってやっと東京市に戒厳令が施行、二日後の二八日午前五時、「叛乱軍は原隊に帰れ」との奉勅命令が下された。

グルーはその時の驚きをリアルに日記に書いている。

「わたしたちは、斎藤、鈴木夫妻を先過の火曜日にわが大使館に迎えたあの楽しい夜から一時代が過ぎたような気持ちでいる。もしも時間が事件によって計られるものならば、あれからたしかに一つの時代が終わってしまったのだ。『何て恐ろしいことだ』……少しずつ、友人たちの話をもとに、わたしたちはようやく暗殺がどのように行なわれたかを再構成することができる。そしてそれらの話は男子の名誉を高めるものであるのみならず、日本婦人の真価を示すものでもあるのだ――斎藤子爵夫人が夫のまえに立ちはだかって、『わたしを代わりにお殺しなさい、主人はお国にかけがえのない人です』と言って、実際に自分の手で機関銃の銃口をふさぎ、傷を受けよろめくまでそうしていたこと、また渡辺夫人が自分の腕のなかに夫を抱きかかえて伏せたため、暗殺者たちは銃を彼女の体のしたにさし込まなければならなかったこと。

鈴木提督の話は歴史に残るべきものだ。安藤大尉が拳銃を突きつけながら、彼とその立場を一〇分間議論したが、その議論に言いよどむのを見て鈴木は、『何かまだ言うことがあるか?』と聞いた。安藤が『ありません、閣下』と答えた。『それなら撃て』と鈴木は言い、安藤は三発発射した。一発は彼の頭蓋骨をかすめたが頭を貫通せず、一発は胸と肺を貫き、三発目は脚に入った。胸部の傷が重く、提督はひじょうに多量の出血をしたので、輸血だけが彼の命を救う手段だった。現在のところ、彼は危機を切り抜けそうに見える。高橋の殺害は実に残忍なものだった。撃っただけでは満足せず、その反乱将校は軍刀でめった切りにした――そうしておいて、家の者に、『迷惑をかけたこと』を謝ったのだ」

とまるで実況中継のように生々しい記録である。

やがて大勢は帰順、一部の幹部は自決し、残るものは全員逮捕された。事件後、軍法会議が特設され、首謀者、香田清貞ほか一七名が死刑に処せられ、六九名が有罪となって事件は終わった。

アメリカ大使館正門前と霊南坂上の官邸正門前には土嚢が積まれ、軍の機関銃が据え付けられ、異様なほどの警戒網が敷かれた。グルーはこの官邸で楽しいひと時を過ごした斎藤実内大臣を回顧し、冥福を祈り、その後の葬儀にも列席した。

二・二六事件を起こした皇道派は、帝国陸軍内に統制派と対極して存在した派閥であり、北一輝らの影響を受けて、天皇親政のもとでの国家改造（昭和維新）をめざした。

皇道派の青年将校たちのクーデター計画が不成功に終わったのは、岡田内閣打倒を天皇が毅然たる態度で拒絶したからである。

グルーの人脈の弱点は政治の実権を握る陸軍とのパイプであったため、大使館に斎藤実内大臣夫妻、鈴木貫太郎侍従長夫妻などを招いての意思疎通が裏目に出てしまった。大使館の武官だけの情報では、ダイレクトの情報が得られず読みが偏り、甘くなる。実際、グルーの期待と予想は再び裏切られた。

軍部の抗争と有能な人材の出現

グルーの日本における軍部の人脈は弱かった。若手将校クラスの有力パイプが不足していた。日本の陸軍は薩摩、長州閥が強く、これは昭和まで連綿と続き、一九二九（昭和四）年、反藩閥の一夕会ができるが、これは陸軍部内における薩長閥、特に長州閥を排除して人事刷新を図ることを目的としていた。一夕会の呼びかけに東條英機、小川恒三郎、河本大作、板垣征四郎らが応じ、石原莞爾や土橋勇逸なども加わり、軍では有力な組織を構成した。

大正の終わりから昭和初期にかけては、全盛を極める長州閥系と対抗する軍人グループから、皇道派が出てきた。皇道派は、天皇親政を主張し、荒木貞夫中将が犬養内閣の陸相として入閣してから大きくなった。グループの主力は陸士三七、三八期の青年将校である。皇道派という名称は、中核の荒木中将が皇道精神を唱え、軍隊を皇軍としていることにちなんでいる。一方、統制派は皇道派の急進的な行動や露骨な派閥人事、観念的で精神的な国家観に対する反発から生まれた。中央部幕僚を中心とし、指導者は南次郎、林銑十郎、永田鉄山などの陸大出のエリートであった。普通選挙によって選挙民が肥大し、政治に関与する層が爆発的に増えた時、組織力を発揮した。

一九三三（昭和八）年頃から陸軍の内部では、天皇親政を求めるクーデターを企図する皇道派と、陸軍全体を統率して政府を動かし、国家総動員体制を築こうとする統制派が、対立していた。

一九三五年八月、統制派主導の人事に不満をもつ皇道派の将校が陸軍省軍務局長の永田鉄山少将を斬殺し、両派の対立は先鋭化した。翌一九三六年二月二六日、皇道派の将校が一四〇〇人余の兵士を率いて、首相官邸など十数か所を襲撃した前項の二・二六事件が発生したのである。

一方、明治から薩長中心の政治家の大物政治家が姿を消し、政治家は政治家のことしかわからず、役人は役人のことしかわからず、財界人は財界人のことしかわからないといった中で、陸軍士官学校、海軍兵学校、陸軍大学の出身者から、軍事だけでなく政治、外交、経済にも通ずる見識をもった逸材が出てきたのである。一つのまとまりとして国を見、その方向性を考えていたのが軍だったということが、日本のその後の運命を決めたといってよいだろう。

日本の政治不安を読めなかった

陸軍は軍の枠を超え、一つの政治集団のような組織になっていくのである。満州での軍事行動、日本におけるクーデター計画などを経て、軍は国の中での発言権を強め、大衆の心をつかみ、昭和デモクラシーともいえる大きな流れを作っていったのである。

この頃、第一次世界大戦後の世界恐慌の煽りで日本はかつてない不況であり、経済改革のための政党政治が十分に機能せず、この二・二六事件の前にも一九三二年二月には血盟団事件、五月には五・一五事件と次々に政治改革を叫ぶ右翼テロが起こっており、これを境に軍部主導の政治へと邁進し、日本は深い戦争の泥沼の中へと暗い時代への始まりであった。

ワシントンの国立公文書館に保存されているグルーと国務省の間で交わされた電文には、「親独派の軍人・官僚」「右翼の台頭」に注目していることが明白である。その一方でハル国務長官から、「日本における社会主義者の動向にも注視されたし」の注文が出ていた事実からは、ソ連による世界共産主義革命を命題にするコミンテルン主導の赤化政策に対して、警戒していたのは事実である。アメリカもまた、ソ連の動向には神経を尖らせていた。このような時期に、グルーらアメリカ大使館が日本軍部の構造改善、新指導層などの把握が不十分であったのは否めない。政治の貧困が、軍部主導を生んだということを当時は、日米にとって共通の脅威に対抗するような協調路線をとる戦略が、双方になかったのが残念である。

相互理解と平和を訴える

政府の指導力の後退は軍部の独走と穏健派の後退を意味した。まさに満州事変はそれを実際に示した。アメリカは一九三二年独立宣言をした満州国を認めず、不承認の立場をとった。その後の関東軍の南下は、中国への侵略だけでなく、米英側にしてみれば、これまで列強の共同の植民地だった中国を日本が独占するというように映った。英米両国はロシアの勢力が満州から駆逐されたことから、かねてアメリカの主張していた中国における機会均等・門戸開放政策に対する一つの潜在的脅威として日本を考えるようになったからである。

そこへ、日中戦争初期の一九三七年一二月一二日、揚子河上（南京上流約四五キロメートル）において、日本海軍機がアメリカアジア艦隊揚子江警備船「パネー号」を爆沈し、乗務員に対し機銃掃射を行った事件が発生した。広田弘毅外相は「心からの遺憾の意」をグルー大使に伝え、アメリカ大使によってなされた努力に深謝を表明したと伝えている。朝日新聞は、この危機の際「日米両国民は駐日大使としてグルー氏を得たことを非常に幸とする」と書いた。グルーの努力に加え、日本の一致した、また率直な遺憾の表明はこの事件がうまく解決した背後の決定的要因である。しかしグルー大使がその役割の重要さを立証したのはこれだけで、事実日本政府、アメリカ大使館、アメリカ政府の間には真の一致はほとんどなかったのである。日中戦争が次第に中国全土に展開されていくにつれて、対日態度を硬化させ、日米関係も悪くなる一方であった。

一九三八（昭和一三）年一一月、近衛文麿首相は、「東亜新秩序建設」の声明を発表した。対中国での日本の戦争目的が「東亜永遠の安定を確保すべき新秩序の建設」にあるとし、日本、満州、支那三国による

「国際正義の確立、共同防共の達成、新文化の創造、経済結合の実現」にあるとした。この声明は、日本がリードしてはじめてアジアは豊かに平和になるというものであった。

もはやアメリカにとっては、武力によって日本がとり続ける領土拡張政策は、絶対に是認できるものではなくなっていた。特に問題なのは、日本軍部がとっている手段が、あまりにも暴虐な侵略行為だということだった。天皇が平和主義者であることは、グルーは知っているが、軍部を押さえるには天皇自身の力が及ぬことも承知していた。だからこそグルーは穏健派に期待したのだが、彼らにしても軍部を押さえることは、常にテロの恐怖がつきまとう容易なことではなかった。五・一五事件に続き、二・二六事件を目前で見たグルーは、その脅威と軍部を抑える困難さを現場で理解していた。

一九三九年一〇月、東京倶楽部で行われた日米協会主催の講演会で、グルーは壇上に立った。そして、「もし第一線の外交が功を奏すれば、第二、第三の軍事力を行使しないですむのだ。また行使する必要を避けるために責任を持つのが外交である。私はこのために日本での仕事についたのだ」と叫んだ。

「明治以来、日本が欧米列強の植民地政策に遅れてなるものかと参入してきた事情を、同情していた。しかし新たに植民地政策を推進する時代は、終わらせなければならないのだ。アメリカには、フィリピンを植民地から独立国として認めるべきだ」とはっきり言った。要は、戦争と戦争の間の束の間の平和ではなかった。日米間に恒久的な平和を確立することだった。問題を解決するには、人と人との信頼に基づくという信条に生きるグルーは、率直に誠意あふれる態度でスピーチし、日本に訴えたのだった。

グルーがいかに日本とアメリカの和解を希望し、日本の知識人に理解を求めようとしていたか、聴衆者全員の胸に響いた。

しかし、日米の感覚の相違を伝えようとするグルーの努力は認められたが、日本人の考え方を変えることには役立たなかったのである。それは日本の政府、関係機関によって、ワシントンの戦略、日本政策がすでに国民に伝わっていたからである。

領土拡大と戦争を辞さないとする軍部に対し、それを阻止し、平和を望む天皇の側近穏健派が世論を二分させて勢力争いを続けていた。その間にあって一三代目の大使、グルーは歴代大使の任期をはるかに超えてなんと一〇年の長きにわたって大使を務めることになる。

本国のアメリカ国務省は、ハル国務長官のもとに親中国派のホーンベックが極東部を掌握し、対日関係で日本贔屓は少なかった。グルーが現地日本で友好関係維持のため孤軍奮闘していた。しかも暗号「マジック」解読結果も国務省から知らせていなかったのである。

このような状況下にありながら、グルーは政府機関だけでなく、多くの民間人と友人、知人を増やしていった。人と人の信頼を基礎に交渉する大使の人格が出ていて、大使を頼りにする日本人は経済人の渋沢栄一、ジャーナリストの徳富蘇峰などマスコミにも多くの支持者がいた。滞日のアメリカ人では同志社女子大学教授、メリー・F・デントンとは三〇年を超える交流があった。

日米開戦回避の努力

日独同盟はアメリカの報復をもたらし、戦争を不可避にするものであったため、一九三八（昭和一三）～

一九三九年にかけ、グルー大使以下アメリカ大使館は日独間を阻止しようと試みた。

しかし、このあたりからワシントンとグルーの間に見解の相違が生じてくる。それは大使が日本陸軍の皇道派が一掃され、主流派と人脈をもたなかったことに起因する。

一九三九年九月、ドイツ軍がポーランドに侵攻を開始し、英仏は対独宣戦し、第二次世界大戦が勃発した。グルーは休暇のため、一時帰国をした際、米政府の対日態度の非常な厳しさを直接感じた。グルーが滞米中にもかかわらず、その見解を聞くこともなしに、国務省は日本との通商条約の破棄を表明した。

そしてアメリカは一九四〇年七月には「国防強化促進法」を成立させ、軍需物資の輸出に許可制をとり、石油・屑鉄にもこの法が適用され、航空機用ガソリンの対日輸出は実質上禁止された。

日本もこれに対抗するように北部仏印（ベトナム北部）に進駐し、九月二七日には日独伊三国軍事同盟に発展したのだ。このことはアメリカをさらに刺激し、ノックス米海軍長官は、三国同盟の挑発に応ずると公言し、アメリカ太平洋艦隊の強化に乗り出した。また極東在住のアメリカ人に、引き揚げが勧告され、日米関係は一気に緊迫の度を高めていった。

その間グルー大使は日本の穏健派に接触し続け、戦争回避のための懸命の努力を日夜続行していた。資源を外国に頼らざるを得ない日本にとっては、石油は最重要な資源だ。それを全面輸出禁止は間違いなく日本を戦争に追いつめていくとグルーは考えた。それは、アメリカにとっては正しい政策ではないとグルー大使は判断していた。

この国家的な死活問題に際し、グルーを理解し得た海軍の考えを変えさせる動機につながっていく。海軍は戦争を好んでいたわけではなく、陸軍の大陸政策にも同調していなかった。しかし初めは日米開戦に反対だった海軍の主流まで、日本が生き残るためには、アメリカとの一戦もやむなし、という方向になりつつあった。

グルーは、そのような日本の空気をワシントンに伝える一方、アメリカの出方いかんによってはまだ和平への可能性はあることを強調した。そして交渉にあたって強硬な態度をとり続けることは、日本をやがて枢軸側へ追いやることになると警告した。

近衛・ルーズベルト会談の地ならし

日米関係が悪化する過程で、果たした東京のグルー率いるアメリカ大使館の役割は小さく、力不足であったことは否めない。日本政府はアメリカの政策決定者はワシントンであることを認識していたからである。特に日本の軍部の主流に強いパイプのなかったグルーにとっては、調整役に徹したことが不幸であった。

ハル国務長官やホーンベックたちは「グルーはあまりに日本側に立ち、同情的に過ぎる」と批判的だった。本来同志であるはずの国務省や同僚たちにも疑われる中でも、グルーは平和を求めて孤軍奮闘していたが、決して弱音をはかなかった。

アメリカに知己の多い元外相で海軍大将の駐米大使野村吉三郎もハル国務長官と折衝を重ねていた。ようやく一九四一年四月一六日、全般的な問題について、ホノルルで近衛・ルーズベルト会談を開くところまでこぎつけた。

この時ハル国務長官は、交渉を進めるための前提として、
一、すべての国家の領土保全と主権の尊重。
一、内政不干渉。
一、通商機会均等をふくむ平等原則。
一、平和的手段によって変更される場合を除き太平洋の現状を撹乱しないこと。
以上の、いわゆるハル四原則を提示した。

だが三国同盟を軸にしてアメリカに毅然たる態度をとるべきいう意見が強く、政府の統一見解に至らなかった。近衛首相は、三国同盟よりも日米交渉の方が大事だと考えたが、軍部の反対で、遂に内閣を総辞職し、政権を投げ出してしまった。

ウェルズ国務次官は野村大使に対し、もし日本軍の南部仏印進駐が行われれば、これまでの会談は無用になると警告した。そして事実アメリカは七月二五日、日本の南部仏印進駐通告に対する報復として、在米資産の凍結を公布し、ついで八月一日、対日石油輸出を全面禁止した。

グルーにとって残念なのは豊田貞次郎外相からも斡旋の依頼を受け、ワシントンに何度も真摯に検討するよう要望したが受け入れなかったことである。ホーンベックは日本にとって、好ましからざる人物であったのである。

存在した秘密報告書

なぜ、一九四一年四月一六日、日米間戦争回避の全般的な問題について、ホノルルで近衛・ルーズベルト会談が開かれなかったか、もしグルーの秘密報告書が大統領に正しく伝えられていたら、日米戦争は避けられていたかもしれない。近衛文麿も戦後の自殺もなかった。駐日米大使としてグルーが懸命に努力した結果は、この秘密報告書に隠されている。よって、報告書は戦時に公表されず、一時的に秘密扱いとなり、永久に誰の目にも触れないように封印された。このレポートには「真珠湾攻撃という悪魔はなぜ起こったか」、そしてグルーが精魂を傾けた「近衛・ルーズベルト会談の意義」を簡明に正確に述べ、それをワシントンに打電したことが書かれていた。

日米関係の悪化は満州や中国、そしてインドシナを日本が侵略していることが原因とし、一九四一（昭和一六）年の夏から秋にかけて近衛がこの事態を打開しようと努力したこと、近衛としては天皇と軍の援助を受けながら中国からの撤退を考えていたこと、しかし近衛は外部から中傷批判を受け、暗殺される危険があって、それをみだりに公表できなかったことが記述されていた。

「ワシントンは会談提案に最初は興味を持っていた。しかしその興味が薄れていったのは、日本が南方に進出していったからだ。ワシントンのミスガイドの結果として日本自体を悪い状況に持って行ったことにある」ということだった。駐日大使館の立場からは日本の仏印（インドシナ）進駐をどうしてもワシントンのミスガイドとしか考えられなかったのである。

「近衛提案の内容」東京のアメリカ大使館としてはこの近衛や彼の支持者たちの真剣な努力をバックアッ

プする必要があった。それはケーブルでワシントンに打電したものに含まれていなかった。

以下が「近衛・ルーズベルト会談」で近衛が大統領に直接提案しようとした内容である。

・日独伊の三国同盟のもとで、アメリカとドイツが戦争状態に入った場合、日本はアメリカに敵対行為をとらない。

・アメリカと連合国は、それに対して、日本が中国とインドシナから撤退を開始したと同時に日本の資産凍結を解除し、日本への戦略物資の輸出封鎖を解き、日米同意のもとに新しい通商条約を結ぶ。

・日米同意の終了後、日本は十八カ月以内に中国から完全撤退をする。

・日本はインドシナから完全撤退する。

・アメリカと連合国は、日本が中国から撤退を完了した時に、新しい通商条約に基づき凍結と封鎖を解くことに同意する。

・満州の処置は欧州の戦争が終わった後、決定する。もし連合軍が欧州で勝利したならば、日本は満州から撤退できるだろう。反対の場合、日本は満州に留まり、満州の統制は日本に任せる。

近衛の従来の言動からは日本軍が中国から撤退するという方針などは、より具体的でルーズベルトの呑めるものであった。この提案はワシントン首脳にとって絶対に妥協できる内容を含んでいると、グルーは信じたのだ。永遠の平和を築くためには日米戦は避けなければならない。だからこそ是非とも日米首脳会談を実現させたかったのだ。

もし、近衛と大統領のとの会談が行われれば、どんな犠牲を払っても一致に達しようと近衛の真剣な決心をグルーは疑うことはなかった。その点について、クレーギー英大使も同様の考えをイーデン外相あてに電報している。しかし成功しなかった。ハル国務長官の反対説が有力であるが、真相は不明である。このことは歴史にとどめるべき重大な事実である。

国務次官・グルーの活躍

近衛、グルーら日米穏健派の戦争避けるための努力は実らず遂に、一九四一（昭和一六）年、太平洋戦争に突入した。グルーは開戦二年後の一九四三年七月、他のアメリカ人一四五〇人とともに交換船、浅間丸で中立国のポルトガル領モザンビークのロレンソマルケスに向かい、そこでグリップスホルム号（アメリカ在住日本人一〇九六人が乗船していた）に乗り換え、リオデジャネイロ経由、ニュージャージー州ハドソン軍港に帰国した。横浜を出て二カ月後であった。

ハル国務長官に提出する秘密報告書が無事であったことに安堵した。その後、交換船に使われた浅間丸は、海軍に徴用され輸送船となったが、一九四四年に、マニラから高雄へ向けて護衛艦とともにバシー海峡を北上中に、アメリカ海軍の潜水艦「アテュール」の魚雷が命中し沈没し、五〇〇人が犠牲になった。

さて、グルーは交換船で帰米した後、全米各地を遊説して、日本に対する理解を深めることに努めた。二年に及ぶ遊説の日々から、グルーは一九四四年五月、国務省極東局の局長になり、そして一二月にはハル国務長官の後任、ステティニアス長官からの要請で国務次官に就任した。彼の周りには古参のバランタイン、元駐日アメリカ大使館ディッコーバ一等書記官、抑留をともに過ごしたドーマンやウィリアムズたちなど、気心の知れた知日派のメンバーが顔を揃えた。

そして時を同じくしてこの五月、東京赤坂の大使館の一室で書き記した日記が『滞日十年』の題名で完成し、出版されることになった。この日記の出版はかねがね準備されていたが、なぜこの時期に出版されたかは、グルーはほぼ戦局が日本の敗北がはっきりしたこの段階で、真実を述べようと思ったからである。そして善良な日本人を軍と同じように敵と見てはならないということである。戦う相手は軍なのだ。グルーの思いは、それに尽きていた。

この時期にこそ誤解と偏見に満ちているアメリカ人に、真の日本とは何か、真の日本人とはどういう人たちか、天皇とはそういう日本人にとってどういう存在なのか、彼は言葉のみならず、文字でも訴えたかったのだ。

この本は多くの読者の共感を呼び、ベスト・セラーになるほどだった。一九三二年の着任の日から真珠湾で帰国を余儀なくされるまでの十年間の克明な記録には、戦争に突入していく日本軍部の侵略意図、それに抵抗する日本人の姿が描かれている。

また戦時のため、彼に協力し、機密情報を告げた日本人提供者の名を伏せるグルーならではの配慮が示されつつも、天皇をはじめ、日本を知る手がかりが数々のエピソードとして、きめ細かく記述されている。グルーの外交官という仕事上、米の立場だけでなく人間味豊かな詩情に溢れた日本観察や赤裸々な対日観には共鳴させられる。

そして帰国して、国務次官になったグルーはトルーマン大統領のもとで中国派のバーンズ国務長官と、最後の日本に対する降伏勧告文の作成でも確執があったが、天皇を連合国最高司令官の制限下におくとすることで決着した。また、戦局の最終局面が近づく段階では、グルーは前線の海軍基地に行き、ニミッツ提督に、皇居を爆撃するような戦闘行為の中止を訴えたり、国務省案をもとにしてポツダム宣言の原案を作成し、日本が受け入れやすいように配慮を重ね、さらに、原爆投下を回避するため、ヘンリー・スチムソン（一八六七〜一九五〇）陸軍長官にも説得を試みている。

天皇を立憲君主として温存すべきだとし、日本がヤルタ協定を受諾しやすいよう「国体」条件をすぐさま呈示せよと主張した。ハリー・S・トルーマン大統領（一八八四〜一九七二）とバーンズ国務長官は受け入れたが、英ソの了解が必要であるとして、七月に延期した。グルーは後になり、六月の呈示が実行されれば、日本はその時点で降伏し、原爆投下は避けられたと書いている。グルーの要請を受け、スチムソンは原爆が成功した以上ソ連の参戦不要とし、ポツダム宣言を早く出すことを大統領に進言し、七月二六日、米英中三国の名で発表された。

グルーも日本を知り過ぎ、自らの故郷と感じ、二つの国の懸け橋になろうとしたわけである。グルーは、日本を本土決戦から救った立役者だったのである。日本の友人たちを戦争の困難から解放するため、アメリカ政府の中でほとんど孤軍奮闘に近い活躍をしたのがグルーであった。

知日派人脈を遺産として残す

グルーが戦後の日米関係に残した遺産には二つある。一つは次項に述べるグルー基金であり、もう一つはアメリカの知日派人脈である。知日派とはアメリカ政府の対日政策に影響力をもちかつ、対日関心と知識だけでなく、日本に有力な人脈を有していることである。

グルーの大使在職は一〇年にも及んだことから知日派はグルーに始まると考えてよい。アメリカへ帰国後、国務次官時代にはディッコーバはもちろんのこと、多くの若手知日派スタッフがそのもとで育った。ドウーマンをはじめ、ジョン・エマーソン、マーシャル・グリーンらである。しかし現役時代のグルーを直接知る世代の外交官はもういない。しかし、のちのエドウィン・ライシャワー大使やマンスフィールド大使のもとでも、多くの優秀な知日派人材が見事に継承された。その意味で戦後の国務省知日派人脈は、グルー世代、ライシャワー世代、マンスフィールド世代、それ以降に大別される。

『滞日十年』の公刊とグルー基金

グルーは駐日大使時代、日米間の最も困難な時期にあっての日記（ハーバード大学ホートンライブラリー所蔵）をもとに『滞日十年』という本を著した。一九四四年、サイモン・シャスター社刊から出版された時、グルーの意図は、太平洋戦争に至る日本の国内情勢を明らかにすると同時に、彼が知るかぎりの正確な日本観を提供することだった。そして、一九四八（昭和二三）年には日本語版が毎日新聞社より出版され、多くの人々の関心を集めた。グルーは、この著作の印税をぜひとも日米相互理解のために使いたいと考え、滞日中からの知己で信頼を寄せていた日米協会会長の樺山愛輔に相談を持ちかけた。若き日にアメリカのリベラルアーツの名門であるアーモスト・カレッジに学んだ樺山は、グルー基金と名づけた奨学金制度を設立し、日本の若者にリベラルアーツ教育を受けさせることを提案する。

グルー大使から基金設立のために約四〇〇万円の寄付を受けた樺山は、日銀総裁だった一万田尚登に会長を依頼して後援会を設立し、寄付金集めに奔走する。そして吉田茂総理大臣、石川一郎経団連会長など政財界の賛同を得て、当時の金額で六八〇〇万円もの寄付を集めたのである。こうしてグルー基金は一九五三（昭和二八）年に創設され、過去約六〇年にわたり、支援を受けた留学生たちは、アメリカでの四年間の大学生活を通じて人間力を養い、グローバルな視野をもってチャレンジする精神が育てられた。卒業生の多くは、官界、学界、実業界、国際機関、メディアなどの分野で大いに活躍し、日米両国間の信頼構築のため、ひいては国際共存のために貢献してきた。このことからも、今まで培ってきた日米の良好な関係を維持していくために、不断の努力をもってそのような人材を育成していくことが不可欠であり、グルー・バンクロフト基金（二〇〇六年にはバンクロフト基金を引き継ぎ、名前を「財団法人グルー・バンクロフト基金」と改めた）は、そのために重要な役割を果たしたのである。

第九章　アメリカを慕ったリベラリスト・湯浅八郎

自己の信義を貫いた湯浅・徳富の家系

湯浅八郎（一八九〇〜一九八一）は、父湯浅治郎（一八五〇〜一九三二）、母初子の第八子として東京、赤坂で生まれた。当時、父治郎が明治憲法下の第一回帝国議会で群馬県選出の衆議院議員となり、東京に住んでいた。一八九〇（明治二三）年というのは、一月二三日に新島襄が永眠した年であり、父・治郎と新島襄との関係からすると八郎はいわば運命的な誕生であった。

周りからも湯浅八郎は襄の生まれ変わりの如く言われ、世に出て、以後献身的に二度の同志社総長を務める宿命が待っていた。また、この年、日本にとっても初めての帝国議会衆議院議員の選挙が行われた年であったし、さらにその後、湯浅を悩ますことになる、「教育勅語」が一〇月三〇日に公布された。

さて、新島襄から最初に影響を受け、行動を起こした高弟は八郎の父、湯浅治郎である。新島がアメリカから帰国した時、D・Cグリーンなどと一緒に横浜で新島を迎え、郷里の安中へ同行したのは湯浅治郎であった。一八七八年三月三一日、安中の便覧舎（湯浅の創った先進的な図書館）の二階で男女三〇人が新島

湯浅八郎

から洗礼を受け、安中教会が設立された。湯浅治郎は妻とともに受洗し、キリスト教は湯浅にとって生命であり、血となり肉となり、活動の指針となり、以後生涯の師として新島襄を支える運命になる。

安中藩の御用商人・有田屋は一八三二（天保三年）年から一六〇年の長きにわたり味噌、醤油の醸造をその生業としてきたが、湯浅治郎は有田屋の三代目として、有田屋の経営近代化の基盤を築いた。また地域産業の振興や教育、社会、文化に貢献した。安中で日本最初の私設の公開図書館、便覧舎（図書三〇〇〇冊）を設立したことでも知られるように先進的気風に富み、他方、中央政府の支配から自由な地方自治の県政の確立に努め、群馬県議会の議長として群馬県を日本最初の廃娼県とした中心的役割を果たした。

また財界人としての湯浅治郎は本職の醸造業の他、日本鉄道会社の理事・副社長として敏腕を発揮した。さらに、徳富蘇峰（妻・初子の弟）が設立した民友社の経営を支援したりして、多方面に才覚をみせている。キリスト教普及のための安中教会建設、生活に困る信徒のための共同養蚕所を創るなど、キリスト者共同体の形成に尽くした。

このような実績に加え、人望も厚く、その後の選挙で、第一回帝国議会の衆議院議員にも選出され、立憲改進党に所属し、予算委員会で財政担当の第一分科委員長を務めている。

このように進歩的で、自由主義傾向をもつ湯浅治郎の初代プロテスタントの家庭はどうであったろう。

その前に母・初子（一八五五～一九三九）のことについて触れる必要がある。初子は、幕末の儒者、開国論者で実学思想家、横井小楠の最初の弟子、徳富一敬と矢島久子との娘で、熊本洋学校では弟・蘇峰らと学び、当時としては先進的な女性であった。蘇峰の世話で、二六歳の時、若き日の犬養毅と見合いをし、その見合いの席で「一夫一婦論」に賛成しない犬養を明確に否定して、がっかりさせるというエピソードが残っている。

かくして初子は、病没した先妻の子四人がいる治郎を選んで一八八五（明治一八）年一〇月九日、結婚するわけであるが、二人の新婚生活は有能な母、茂世が采配をふるう安中の家に嫁として入るのではなく、東京の赤坂に家を持ち、この新家庭へ乳児を含む子どもたちを順次迎えるというものであった。湯浅家は、父治郎は寡黙であったが、初子はすべての子に対して怖い母だったようで、儒教的スパルタ教育とピューリタン的倫理観とが織りまざった厳しさがあった。特に初子の生んだ最初の男児である八郎に対しては厳しかった。八郎が幼稚園に行っていた時、「人力車に乗ったのに乗らないと嘘を言った時、縁側から庭に蹴落とし、母は涙をもって薪丸太棒で叩いた」という。このことは八郎にとって将来忘れられない体験であって、「一生の根性をたたき直すつもりで、たたいてくれたのだと思うと、自分の人間形成に決定的意味をもった」と八郎は言っている。

また、男性上位の時代、当時では珍しく、夫婦で平等に議論し合ったようである。子どもらの育て方にしても、社会の処し方にしても意見がぶつかると、二人は子どものいない、別室へ入り徹底して討論したという。子どものいない別室を選んだのは、子どもらに夫婦げんかと思われることを恐れたからであろう。このことは民主主義の基本でもあり、当時すでに、二人とも民主主義実践者だったといえる。

自主性を重んじた教育

湯浅治郎は学校経営も企業経営と同様、財政基盤をしっかりさせることが何よりも重要であることを知っていた。そこで新島亡きあと、同志社を潰さないためには、自分が自らその任にあたる必要があると考えた。そして湯浅は同志社のため国会議員を棒にふって京都へ移住することを決意する。民友社の経営に依存していた徳富蘇峰は、「私は正直にいえば湯浅翁の同志社へ行かれたと言う事は、私にとっては殆ど自分の女房を失ったほどの力を落とした」と嘆いた。

このような湯浅と徳富の二人の立ち回りをみると湯浅の方が損な役割に見えるが、そんな態度は微塵もみせず、政財界の期待に応えるためにも、新島の残した同志社の持続を第一義に考える。否、湯浅は同志社を軌道に乗せることが優先し、それは自らの使命であり、事業と考えたに違いない。現在では考えられないことであるが、一切、報酬をもらわず、自弁で「縁の下の力持ち」に終始したのである。学校経営に必要な資産を整理し、寄付金と授業料収入を区分したり、将来にわたっての財務基盤を固めるだけではなく、学生の募集や、外部との渉外業務にも関与した。当然必要な業務とはいえ、任せるところは任せ、重要事項は自ら手をくだすなど、仕事そのものには満足し、評価し、納得していたと思われる。同志社第二代社長、小崎弘道は教務に専任できたわけで、湯浅治郎に頭が下がる思いの連続であったと述懐している。

湯浅八郎は両親の移動に伴い、一八九一（明治二四）年より京都へ移り、京都府立師範学校付属小学校に転向し、卒業後は同志社普通学校で学んだ。次第に、理事の治郎の存在と息子であることを意識するようになる。普通学校三年の時、八郎は落第という中学生にとって最も深刻な体験、つまり、失敗、挫折、屈辱を体験する。落第を宣告した当時の同志社校長は原田助で、原田はわざわざ湯浅家へ行き、「八郎さんはいるか」と呼び出し、直接本人に「あなたは算術の点数は一七点ですから、これでは落第です。これからしっかり勉強してください」と伝えて帰った。

落第の原因は当時羨望の的の自転車を友人大石真子（マルコ）から借り、授業中に隣の御所で自転車の練習をしていたためだという。そして、父で理事の湯浅治郎の存在から、校長が直接伝達したのである。その時、治郎は八郎に落第に対して、何一つ言わず、母の初子は「八郎、人間は何でも一生懸命やったらできるんだよ」と激励したという。このことは母初子の教育方針が子どもの自主性の尊重にあったからである。自発性と自分で責任をもつということを自然に理解させることであった。

八郎はこの経験が、自分の一生を決定したと言っている。「人間とは何ぞや、どういうふうにあるべきか、神と人との前に正しい人間でありたい」と願い、自ら同志社教会で洗礼を受けた。一六歳の時である。同志社普通学校時代の同期で、親友には大石の他、二人とも大学の総長になる大塚節治（元同志社総長）と阿部賢一（元早稲田大学総長）がいる。

また当時、八郎が朝晩読み続けた本で、山室軍平『ウィリアム・ブース伝』があり、自らの指針を与え、人間のあり方を、一人の人格を通して示してくれたといっている。

さて、卒業後の進路について、思い悩んだ末、キリスト教をより多く知ることができると信じ、また創立者、新島襄の如き夢を抱き、アメリカへ行くことを決心した。

留学はアメリカへ行ってから、進路を決めようと、父にその夢と希望を伝え、許しを乞うた。父からアメリカに行って、自分のことは自分で責任をもってやっていく自信があるかと言われ「あります」と言うと、「それなら行ってよい」と許可が出た。

単身アメリカへ留学し、自主的に進路を決める

アメリカなくして湯浅なしと言ってもよい。同志社普通学校を卒業した湯浅はなぜ親元を離れ、祖国を離れてアメリカへ移住することを決心したのか、誰もが真相を知りたくなる。そのことについて新島襄の脱国の話は幼少時から聞いていたが、同じような心意気があったというよりは、同志社教育で自然に身に着いたアメリカへの憧憬、一途に神と人との前に正しい生活をしてアメリカで人格を磨きたいという心意気であったようだ。

やはり同志社とアメリカとの関係の深さである。当時、同志社のエリートはアメリカへ留学する学生が多く、パシフィック、ユニオン、イェールなどに行く留学者で大半は大学、大学院への進学者であった。

こうして湯浅は一九〇八（明治四一）年同志社普通学校を卒業し、同年八月単身渡米する。最初は留学の意思をもたず、はっきりとした目標はもっていなかったのは新島襄に似た渡米であった。ただ落着き先が母初子の姉、音羽とその夫、大久保眞次郎（同志社中退）がハワイ伝道からカリフォルニアのオークランドに移り、日本人移民たちのための独立教会を運営していたことが唯一の頼りであった。この教会の寄宿舎を拠点として湯浅がアルバイトを始めることができたのである。

まず英語のマスターを優先した。オークランドに滞在後、同州リヴィングストンの開拓農場にて約三年間

肉体労働に従事した。英語力、会話に不自由しなくなると、次第に勉学の意欲が高まり、大学への進学を決意した。そしてオークランドの教会に帰り、公立の小学校、ハイスクールで基礎からの勉強を始めている。そして、三年働いた結果、お金は七〇ドルしか持っていなかったが、そのお金で一九一一年カンザス農科大学に入学する。当時、日米関係では、排日移民法が問題になっていた時期であるが、この地方ではそういう問題とは関係なく、カンザス大学は湯浅を寛容に受け入れて、学ばせてくれた。十分な仕送りがあるわけでもないので、田舎町の学生食堂や安いレストランなどで皿洗いなどのアルバイトをしながらの学生生活であった。そして同大を卒業し、イリノイ大学大学院に入学、奨学金を授与されて昆虫学を専攻し、M．S．（科学の修士号）の学位を取得する。さらに一九二〇年博士課程を修了し、Ph．D．（博士号）の学位を取得した。ここでようやくアメリカでの勉学に一応終止符がうたれるが、この間の滞米生活は一三年経過していた。勉学、研究目標が明確にあったので、その研究と学資と生活のための労働に多忙で、それほど長いという感じはなく、毎日が充実していたと述懐している。

翌一九二一年イリノイ州立博物局昆虫技師として就職する。アメリカでのサラリーマン生活に入る。そしてイリノイ大学ＹＭＣＡの代表としてアイオワ州デモインの会議に出席した。

その際、後に湯浅夫人となる鵜飼清子と偶然にも一緒になった。彼女は銀座教会の牧師鵜飼猛とその二度目の妻妙子（矢嶋揖子の娘）との子であり、父猛が卒業したアイオワ州のシンプソン大学で学んでいた女学生であった。二人は親戚であることも分かり、父猛の許しを得た上で婚約し、彼女がシンプソン大学卒業後、シカゴで挙式した。

昆虫学者としてアメリカで公務員の地位を得ていた湯浅は、帰国など考えていなかったが、妻清子の強い希望もあり、思いがけない成りゆきで湯浅は帰国を考えねばならなくなったのである。

ちょうどその頃、京都帝国大学で、農学部を創設することになり、湯浅はその創設に関わることになった。就職が決まると文部省より在外研究員の資格が与えられ、一九二二（大正一一）年ドイツ、フランスに留学し、関東大震災の翌年、一九二四年一月、懐かしい日本に帰国した。

京都帝国大学の農学部創設に関わる

一六年にわたる海外生活を終え、帰国後三三歳の若さで京都帝国大学農学部の教授として着任した。同年六月より昆虫学講座を担当することになった。一九二六年には今までの研究成果が認められ、東京帝国大学から農学博士の学位が授与された。

このように始まった京大農学部教授時代の約十年間は、充実した平穏な学究生活を過ごすことができた。

湯浅はアメリカの経験を生かして、農学部の創設にあたり、いくつかの新しい手法を実行に移している。この時期に、権威のある帝国大学であったにもかかわらず、それを生かし得るような余裕が大学の中にあったからである。研究活動においては教授であっても、助教授であっても、助手や大学院の学生であっても、一研究者として平等な立場で学問を積んでいこうという態度を明確に打ち出している。それとともに、試験においても本当に自分の実力をためして、自分がどれほど学問的に進歩したかということを学生自身が判断するような方法を考えるとか、講義において、ただ学生が教授のレクチャーをノートするというのではなくて、できるだけ青写真のコピーを渡すとか、抜書を用いてわかりやすく説明するなど工夫している。また、昆虫学という狭い分野だけでなく、生態学的観点から講義した。学生の中には今西錦司（後の京大教授・霊長類研究の権威）のような生態進化論の独自な研究分野が育った。

各々の学問、研究分野から、研究論文を発表する場合には、本人の名で発表するように改めた。指導教授はあくまで裏方になることを選んだ。その結果、京大では多くの人材が育成され、霊長類研究など生態学研究の独自の発展につながった。

心の故郷・民芸との出会い

関東大震災後、谷崎潤一郎、柳宗悦ら文化人の多くが京都へ移り住んだ。柳宗悦は同じ「白樺」仲間の志賀直哉（一年前から京都、粟田口三条坊へ居住）から誘いがあったのと、兼子夫人が心配していた収入の道も、同志社に教職を得たことによって解決した。同志社で教鞭をとる労をとったのは能勢克夫教授であるが、能勢の紹介で出会ったM・F・デントンの力添えが大きかったと思われる。デントンが東洋美術、陶磁、茶文化などに深い理解をもち、柳夫妻に親近感をもったからである。柳宗悦は一九二五年四月、同志社女学校専門学部で英文学、英詩を教える講師となり、間もなく同志社大学文学部の講師も兼ねることになった。声楽家の兼子夫人も同志社女子専門学校で教鞭をとることになった。

柳宗悦は同志社で教鞭に立ちながら、一方で時間を見つけながら、壇王さん（壇王法林寺の市、毎月二九日）、弘法さん（東寺の市、毎月二一日）、天神さん（北野天神社の市、毎月二五日）へ行き、下手もの、民芸品を蒐集していった。柳は、天才的芸術家による「美術」ではなく、無名の職人（工人）たちが生活の用のために作り出す日用品の中にある独自な美しさを「民芸」（あるいは「工芸」）として評価したのである。

そして、柳宗悦は、一九二六（大正一五）年一月、河井寛次郎、浜田庄司の三人で高野山へ旅し、西南院の一室で、「日本民芸美術館」設立の計画を立てた。それがきっかけとなり、民芸運動は一気に前進した。柳はそれまでに、李王朝の陶磁に深い愛情と理解を示して、京城に「朝鮮民族美術館」を開設しているし、木喰五行上人の木彫仏の蒐集と執着も民芸運動のまぎれもない前奏曲といえる。民芸思想とは、一言で説明するのは難しいが、これまで美術に劣るとしてかえりみられなかった工芸品に価値や美しさを認めようというものであった。

柳宗悦の民芸観は、天才的非凡さをもつ個人の創作としての「美術」と区別して、凡庸な普通の職人（工人）が作る無銘（作者の名のない）の用器に「工芸」（民芸）の美を発見した。彼は、こうした民衆的工芸（民芸）の特質として次のような諸点をあげている。

第一に、一般民衆の生活のために作られる品物である。

第二に、どこまでも実用を第一の目的として作られるものである。

第三に、多くの需要に応ずるために多量にえられるものである。

第四に、できるだけ安価なものとして作られている。

第五に、作る者は教養においても、経済的にも、社会階級においても位置の低い職人たちである。

そして、柳は次の諸点を民芸の特質としてあげている。

まず、凡庸だと思われる無名の工人たちがどうして美しい作品を生み出すことができたのか？　柳は、美への道は、天才的個人の才能による「自力道」に限られるのではなくて、「他力道」があるという。凡夫が「我」を去って、無心で自己を空しうして、謙虚な心をもって手を動かす時、自己を超えたところから力が与えられて、美しい民芸品が生まれると柳は考えたのである。「信と美の一如」としての「法美」とさえ柳がよぶ民芸の美を彼は発見したのである。

やがて、京都における柳の仲間は次第に増え、木喰微笑仏《もくじきみしょうぶつ》や李朝の白磁や陶磁器、雑器などから永遠の生命や美を直観した人たちには、前述したデントン、英文学の寿岳文章、牧師の外村吉之助、木工漆器の黒田辰秋らがいた。

柳宗悦の日本民芸展が、一九二九（昭和四）年、毎日新聞社京都支局の会場で開かれた。これは、わが国最初の民芸展であった。それを見に行った湯浅八郎は強い衝撃と感動を受けた。この展覧会に行ったことが、湯浅が民芸の世界に出会った最初の出来事だったのである。そして、さっそく、同年、京都の有志八名で「京都民芸同好会」を創った。仲間では、同じ京大の中村直勝、三高の藤田元春、深瀬基寛らがいる。

湯浅八郎は、上述のような偶然の契機によって「民芸」の世界に出会い、「これだ！」と考えた。そして、「民芸」を学ぼうと考え、普通の人がお勝手（台所）で使っていた土瓶、とっくり、しょうゆさし、壺など、名もない職人（工人）の作った「下手物」を集め始めたのである。

湯浅八郎の蒐集が「墨壷」や「法被」や「屑織」を作った人々の「心」にひたすらむけられていたことが注目される。湯浅は朝市でガラクタを売る人の心、そこで出会う老婆や娘の「心」に感動し、それを記録している。「民芸」（ガラクタといわれるものを含めて）を創り出す人の「心」に出会うという喜びが、湯浅を根気よく朝市に通わせたのである。湯浅は長いアメリカ生活で日本文化の奥深さを見失っていたのを認め、「朝市が私にとって人間学の道場であった」とも言っている。日本文化のルーツをさぐり、確認するにあたって『古事記』や『日本書紀』などの神話にではなく、日本の民衆の生み出す民芸にそれを見いだしたことに湯浅の非凡さと人間性があるといえよう。

湯浅は東洋文化の精華として、民芸を愛し、そして全国各地から収集にも熱を入れ、湯浅の集めた民芸品は現在、東京三鷹のＩＣＵキャンパス内にある湯浅八郎記念館に常設、展示されている。

滝川事件の発生

湯浅の学究生活も軌道に乗ってきた頃、京都帝国大学時代に法学部滝川幸辰教授の休職処分をめぐって、文部省と京大との間に発生した抗争、いわゆる滝川事件が発生したことである。一九三三（昭和八）年五月、鳩山一郎文部大臣は京大に対し、滝川教授の著書や講演が過度の自由主義思想、共産主義的だとして総長小西重直を通して辞職を要求し、京大総長以下京大の教授・学生の反対を押し切って休職処分を発令した。法学部全教官は、処分は学問の自由と大学の自治を侵すものとして抗議のため辞表を提出、東大ほか各官・私大の学生も抗議運動に立ち、大学自由擁護同盟を結成した。しかし文部省は強硬で、小西に代わる新総長松井元興の進達を待って強硬派の佐々木惣一ら六教授を免官にした。これに抗議して他の末川博ら一四教官も辞職、全教官の三分の二が京大法学部を去った。

湯浅はちょうど大学の評議員をしていて、この滝川事件では法学部の立場を明確に支持し、全学を挙げて戦うべき問題とした。このことが発端となり、京大での立場、新総長との間が悪くなり、文部省のブラックリストに入る存在になった。これが後に湯浅が同志社の総長として転出するきっかけになった。

宿命的な同志社総長就任と退陣

労働移民から昆虫学の専門家となったプロセス、京都帝国大学に新設された農学部の教授になって若い学徒を育てることを楽しんだ平和な時代、そこから超国家主義の渦巻く「同志社事件」の渦中の人とならなければならなかった経緯は、すべて湯浅にとって意外性に富んだ激変の歩みであった。殊に湯浅八郎のような一見、単純な一本調子の考え方、生き方の一人の人間を、二〇世紀という魔物的な要素を含んだ時代が、いやおうなく引きずりこんで行った湯浅家の系譜のように思える。

一九三五年、同志社大学では総長の改選期で、湯浅治郎の息子ということが大きく影響し、同志社第一〇代総長に推薦され、一九三五年二月に就任する。もちろん大学長と財団理事長も兼任である。ちょうど支那事変が始まり、軍部の力が次第に強くなってきた頃で、極めて難しい時期での出番であった。

最初に問題になったのが「教育勅語」重視の強要であった。最初に草川中佐が問題にしたのは、いわゆる「湯浅総長勅語誤読事件」である。一九三六年の紀元節の式典で型どおりに教育勅語奉読にあたった湯浅は、その末尾「御名御璽」ギョメイギョジと読むべきところを「おんな」と訓読みし、御璽は印鑑のことだから読まなかったという。アメリカで青年期からの一六年間を過ごした湯浅には他意はなかったが、勅語の軽視ととられたのである。学内では法学部教授会の分裂、学外では右翼による反湯浅の宣伝ビラがまかれ、その上、大学予科の三教授が「治安維持法」に違反で逮捕されるといった具合で、同志社は騒乱状態になったため、遂に湯浅は一九三七（昭和一二）年一二月に総長を退任した。そこまで頑張り続けた湯浅の辛抱強さは、父・治郎ゆずりであった。当時の全体主義国家に巧妙な抵抗など通用しなかったことは明らかである。

叔父・徳富蘇峰の庇護

新島襄を助けて大学設立運動を進めた蘇峰は、その後も継続して同志社を支え続けた。もともと教育への関心が高く、自ら熊本で大江義塾を設立して、若人の教育にあたったのは前述したが、ジャーナリストとして東京での活動が主になってからも、同志社へ行った義兄の湯浅治郎の要請があれば、喜んで京都へ出かけて行った。

同志社内部の内紛、アメリカンボードとの対立など難問が次々に発生したからである。そして、ようやく一八九一（明治二四）年に設立された同志社政法学校を継承し、一八九四年に大学文学部とともに法学部（法律科と経済科）ができ、ようやく新島の大学設立の夢がかなう。

蘇峰はその専用校舎「致遠館」の建設でも、資金協力をはじめ、多大な貢献をする。館名の名づけ親になったばかりか、現在も残る「致遠館」の入口の扁額も蘇峰の書である。

一九一二年の「専門学校令」による同志社大学の開設に際しては、激務に追われながらも、政治経済部創立委員長に就任して最初から準備にあたった。

しかし、その後も有力教授の転出があったり、学園内の紛争は続いた。そして一九三五年、同志社大学の総長の改選で、湯浅治郎の息子で、蘇峰の甥、湯浅八郎が同志社第一〇代総長に就任した。四三歳の若さでの就任である。

湯浅は当初から同志社が官立大学の真似をするのはよくないと考え、その反面、私学の内容が極めて貧弱であるということも意識していた。だから、学問的な意味では国立大学のような内容をもち、同時に私立大学としてのよいところ、殊に同志社の場合は、同時にキリスト教的な立場を堅持しなくてはならないと考えていた。

しかし、就任直後から、同志社が自由主義的、あるいは容共的であるとして批判され、建学の精神を守るのは容易ではなかった。当時、同志社に派遣された配属将校草川中佐との軋轢で、関係が険悪化していた。湯浅は唯一の頼りは叔父の徳富蘇峰であった。

蘇峰は表面には立たなかったが、同志社総長である湯浅を庇護する立場だったのは事実である。確かにその当時、徳富蘇峰が社会的に言って、国家主義的立場からは相当認められていて、蘇峰の影響力がなければ同志社はつぶされていたであろう。

この事件が契機となり、「教育勅語」重視の強要があったからである。湯浅はこの件で、学内の理事、教授陣の意見はほとんど聞かず、唯一蘇峰と相談してすすめた。同志社の不易の憲法ともいうべき新島の制定された同志社綱領第三条の「キリスト教を以て徳育の基本とす」という趣旨は、国体という名のもとに、国賊的であると言われたからである。

同志社の建学精神を守るために、新たに同志社教育綱領（一九三七年二月）が制定され、「教育勅語」が加えられたわけである。

湯浅はこの時を振り返り「総長をしていた三年間は、ある意味で同志社の受難期で、権威主義的な、反動的な、軍国主義的なものが露骨に暴力を発揮していた時代であった。キリスト教的なものとか、国際主義の精神とか、人類愛・平和主義とか、自由思想というようなものは、全く国賊的であると批判されたわけで、なぜ自分が総長を受けたかは同志社に他に候補がいなかったからとしかいいようがない」と後に語っている。

こうして、湯浅はファシズムの荒れ狂う中、蘇峰の協力もあり、難局の切り抜けに懸命に努力する。しかし、法学部助教授野村重臣「国体明徴論文」の掲載拒否事件では、野村らを「学識人格ともに同志社大学教授たるに通ぜず」として解職し、法学部内紛争に油をそそぐ結果になる。さらに続いて起こった新村猛・真下信一の二人の予科教授が「治安維持法」違反で検挙された時、遂に湯浅は総長辞任を自ら決断した。

当時、深い事情も知らない、学内の教授や職員は、同志社はつぶされてしまうのではないかという危惧が蔓延していたようで、後に、当時の時代背景から、徳富蘇峰の協力、裏返せば湯浅総長でなければこの難局には対処できなかったことは紛れもない事実である。

このように、蘇峰は戦前、戦中、戦後と同志社の危機を救い、存続、発展に限りなく貢献した。一九五七（昭和三二）年一〇月二三日、見舞いに駆けつけた同志社大学総長・大塚節治ら関係者に遺訓手記と寄贈目録を手渡した。

遺訓の内容は文豪にしては簡略化した二カ条は

一、校祖新島襄先生の同志社設立の旨意を遵守し、継続徹底すること。
二、同志社の本領を貫き、独自性を発揮すること。

この二つは言い換えれば自由・自治・自立の同志社建学の精神を意味していた。そして、寄贈目録の中には、山中湖畔の双宣荘、熱海の晩晴草堂、蔵書などが記載されていた。

徳富蘇峰は一九五七年一一月二日、九四歳で熱海の晩晴草堂で死去した。葬儀は新島への尊敬は終生変わらず、キリスト教式の葬儀であった。霊南坂キリスト教会と同志社栄光館で行われた。霊南坂教会は蘇峰の熊本バンド、同志社の先輩である小崎弘道の創った教会であり、小崎とは自分の葬儀について約束をしていたが、小崎は一九年前にこの世を去っていた。令息の小崎道雄牧師が執り行った。

平和を求め、マドラス会議から再びアメリカへ

湯浅八郎は人生の三分の一、労働した時間でいえば約半分はアメリカでの生活であり、日本とアメリカの二つ国土で活躍したリベラリストである。しかしながら趣味はＩＣＵの中の湯浅八郎記念館に残されているように純日本風、それも時代物の「民芸品の蒐集」である。このことでもわかる通り、伝統を愛し、変わらぬ真理の探究を続け、権力に対して抵抗して怯まなかった気骨をもった人物であった。戦前と戦後の困難な時期に同志社の総長を二度も務めたことは、父親の治郎の背中を見て育った者として、当然の責務と思っていたのかもしれない。

確かに戦前の国家主義下で、新島襄の建学の精神を守りながら、現実と理想のギャップを解決するために

は、総長として湯浅八郎以外に適役者はいなかった。

今、歴史に挑んで考えるならば、もう一人の人物、叔父の蘇峰の見えざる力が見え隠れするが、そのことが同志社を救ったと考えるのが自然かもしれない。

一九三七年一一月、キリスト教の世界教会運動史上でも重要な意味をもつマドラス会議が開かれ、湯浅は賀川豊彦をはじめ日本の代表二十数名の教会指導者とともに、この会議に出席した。この会議の大きな意味は、それまでの世界宣教の考え方が根本的に再検討され、東洋には東洋の宗教的背景があるので、どのような調整をして、キリスト教の真理を伝えるかというようなことが議論された。

この会議でマドラス・チームができ、アメリカの主要な教会で講演することになり、湯浅は日本人ただ一人のメンバーとして、そのまま、学生時代以来、二度目の渡米をすることになった。これを指導した団長が、アメリカ会衆派教会伝道部（アメリカンボード）の教育部長であったルース・シーベリー女史であった。

一九三九年一月、ニューヨークに着き、それから二カ月間、予定の講演旅行を続けて、あちらこちらでマドラス会議の話をして歩いた。これが済んだ後、どうしたことか、もう少しこちらにも来てくれ、あちらにも行ってくれということで、日本を出る時は六カ月の日程で旅行を予定していたのが、とうとう一九四一年になった。

後半の講演はマドラスの問題ではなくて、刻々に迫ってくる日米戦争の危機に対して、何とかして日米が戦わず、平和を堅持したいというアメリカの良心ともいうべきキリスト教会の指導者たちの要請に基づいて、平和をテーマにして各地を講演して歩いた。

そうして一九四一年一二月七日、たまたま日曜日、アメリカの一番北のメイン州の片田舎の教会で、「キリスト者の平和責任」と題して説教をしていた。この説教の最中に真珠湾攻撃の放送が始まったわけである。湯浅はその時、一瞬にして敵国外人という身分に転落してしまった。それから以後、その日本に八年後にしか帰ることができなくなった理由である。戦争が始まってから翌年の六月、日米両国政府はお互いに在留外国人を交換船で帰国させることになったが、一行の日本人が帰国しても湯浅は自由を求めて、残留を決意する。

家族を呼ぼうにも息子の洋が療養中で、夫人はその世話もあり、離日は不可能であった。夫人が自活の道を開きながら、病気の息子の世話をするという苦難の選択であった。

最後に帰国した留学生・武田清子（後のＩＣＵ教授）に託した息子・洋への遺言は「新訳聖書ローマ書第一三章」であった。

戦争中のアメリカでの活動

このようにして日米開戦を迎えた湯浅は、敵国外人という身分でありながら、比較的自由に生活することができた。戦争になっても、迫害されるとか、暴力を体験するとか、そういうことは全然なかった。湯浅がどのような理由でアメリカに来ていたかということが官憲によくわかっていたからである。

その点で身元保証と自宅を住まいに提供し、保護してくれたのが、アメリカン・ボードのルース・シーベリーであった。また、湯浅の立場を理解し、援助、支援してくれたのが、アメリカの会衆派教会の指導者であったホートン博士、その他のアメリカの指導的なキリスト教会の人々であった。

湯浅はその後一九四二年の五月、ボストンから、ニューヨークに活動の場を変えた。ニューヨークでは、今までアメリカに来て働いていた日本人の労働者たちが、戦争になったというので職を失い、生活に苦しみ、また誰とも相談できないというような頼りない事情になっていた。それを、当時日本からアメリカに帰国した宣教師たちが中心になって、ニューヨークで日本人保護の委員会を作った。メソジストのアイグルハート夫人がこの委員会の委員長で、プロテスタント教派の指導者たちと一緒になってその活動支えた。湯浅はいわば事務局長的立場で毎日、事務所に常駐した。そこに持ち込まれてくる在留日本人の相談に応じ、対策を講じ、世話をすることであった。

何と言っても、今まで自動車の運転手とか、コックとか、ハウスメイドとして信頼していた日本人を、戦争になったからといって、その場で、アメリカ流儀に、何の会釈もなしに、「おまえを解雇する」という一言で解雇される例は非常に多かった。そのため日本人救援委員会が繁忙であった。交戦中の国での職業斡旋など極めて難題ながら辛抱強く、同胞のため尽くした。

幸いなことに、アメリカの良心ともいうべきであろうが、当時のニューヨーク市長フィヨリロ・ラガーディアは放送を通して、アメリカ市民、殊にニューヨークの市民に訴えた。「アメリカに来ている日本人は決してこの戦争の責任者ではない。むしろ被害者なのだから、この人たちに対して少しでも迫害をするようなことは許されない、また失業して困る日本人は、ニューヨーク市が市の施設を開放して衣食を保証するから申し出なさい」。

そうして直ちに市の倉庫を開放して、そこに来さえすればベッドと一日三度の食事ができるような方針をたてて保護してくれたことである。

時にはアメリカに来ていたフィリピンの人たちが日本人を殴りつけたとか怪我をさせたというような例がいくつか発生したが、それほど残酷なというか、無謀なことはなかった。

もう一つ、湯浅の日本人救援委員会、教会活動で重要だったのが、日本人収容所の慰問である。

前述したように湯浅の活動の背景を知っているアメリカ官憲は、敵国外人という身分の者でありながら、アメリカを旅行することを日本人として唯一、許可したのである。

旅行の目的は、日本人収容所の慰問であった。太平洋岸にいた日本人は、日本国籍をもつ者も、二世としてアメリカ市民権をもつ者も何の区別もなしに、病人であろうと、老人であろうと、赤ん坊であろうと、すべてを収容所に集めるという強制疎開を断行したわけである。その当時の西部防衛司令官の考えから、アメリカの歴史において最も暗いページであると言われたアメリカ市民の人権蹂躙、憲法保証を無視した事件が起こったわけである。

この事件は戦後、アメリカ国内でも問題視されたが、当時のアメリカでは、一カ月もたたないうちに、この処置は「アメリカの歴史における最も暗い一ページ」といってアメリカ内部からの批判が発表されている。アメリカでは言論の自由は戦時中でも存在し、「パール・ハーバー、真珠湾攻撃の責任者は誰あろう大統領ルーズベルトである」という文書まで発行されている。アメリカの良心は残っていて、湯浅にその慰問を許可したわけである。

湯浅はアメリカで自由を認められたただ一人の日本人だったのである。

教会活動でジョン・F・ダレスを知る

日本では想像できないことであったが、真珠湾攻撃の後も、アメリカ市民の大半の人が、太平洋戦争で負けることなど考えていなかったことである。問題はどうしたら最短期間で、最小限の犠牲でおさめることができるかであった。

湯浅はアメリカのカンザス農科大学、イリノイ大学大学院の出身であり、友人も多かったことと、教会関係者と折衝していてもそれが実感であった。戦争が始まってすぐに平和研究会議があちこちで開かれ、学識者、教会関係、代表的市民グループなどが積極的に参加した。その中で一番有力な平和準備の活動をしたのがジョン・フォスター・ダレス（一八八八～一九五九）である。後にサンフランシスコで日本と平和条約を結んだ時の国務長官であった。ダレスは教会組織と深い関係をもっていた。教会組織を代表する弁護士として何かとクローズ・アップされたばかりか、それが一つの契機となって、第一次世界大戦のあとのベルサイユ平和会議にウィルソン大統領の顧問として出席している。

この会議で戦勝国の奢りと二度と敵を立ちあがらせないといった見地から降伏条件を押しつける、近視眼的なものの考え方と事実を垣間見て、ダレスは憤慨したという。

ダレスの父は長老派の牧師。母方の祖父は、ハリソン大統領下の国務長官ジョン・フォスターである。プリンストン大学在学中の一九歳の時、この祖父に連れられてハーグの万国平和会議に参加したことが、牧師の仕事に傾いていたダレスの心を外交の分野へと変えさせたと言われている。プリンストン大学卒業後、ソルボンヌ、ジョージ・ワシントン大学で学び、国際弁護士となり、第一次世界大戦の戦後処理などで数々の外交的経験を積むこととなる。そしてダレスは『戦争と平和と変化』という本を書いた。世界の大勢は常に変化する、変化を認めないような制度や条件を主張することはまさに戦争誘発の原因になると書いている。

一九三九年、ダレスはスイスのジュネーブにおいて開催された国際キリスト教会議にアメリカ教会を代表して参加し、教会を通じて「世界平和」の達成を協議した。湯浅八郎もただ一人の日本代表として出席した。ダレスとはこの会議で年齢が近いこと（湯浅より二歳上）もあり、急速に親密になった。帰路は同じ船で一緒にアメリカに戻ってきた。翌年、ダレスは国際キリスト教会議が創った「公正で継続性ある平和のための委員会」の議長に就任した。ダレスは公平な人として一般に認められ、適任者であった。その結果、ダレスは世界中のキリスト教組織を通じ、変化する世界情報に接することができた。

そして欧州において一九三九年九月三日、ナチス・ドイツはポーランドに突如侵攻し、第二次世界大戦の火ぶたが切っておとされた。そして遂に、一九四一年一二月八日未明、日本軍による真珠湾攻撃が行われたのである。

ダレスは国際法律家でもあり、平和を祈願する立場から、一九四三年五月、『平和の六つの柱』を出版した。湯浅にとっても忘れないのが次の言葉である。

「今まで勝利者に都合のいい平和条約を結ぶから、平和条約そのものが次の戦争のもとになるような結果をまねく。そういうことにならないよう、政治問題に限らず経済問題、教育問題、思想問題、宗教問題を総合的にとり上げることであり、そのために国際連合が必要である」

戦争中の話であり、誰もが戦争に勝つことが優先なのに、ダレスはより広い立場で、将来の平和的な日米関係と構想をもっていたことに湯浅は深い感銘を受けた。

その後、第二次世界大戦後、アイゼンハワー大統領下で国務長官に就任し、世界を股にかけ活躍した。日本との関わりも深く、戦前にも訪日し、政治家等とも会談しているが、何と言ってもトルーマン大統領の特使として、対日平和条約の水先案内人の役割を果たした人物として特筆される。国務長官として日米関係にも深く関わり、戦後の日本政治に大きな影響を及ぼした。

太平洋戦争時のアメリカでの役割

湯浅にとって、アメリカでの生活が長い湯浅にはアメリカを敵と考えにくく、故国が二つある感じであった。湯浅自身「やはり、今の日本には自分の働く場がない。もし日本に帰ったら、心にもないアメリカ向けの放送をするといった仕事をしたくなかったし、それこそ自殺でもする以外ない。大事なことは戦争のあとにくる平和であり、日米戦争など二度と起こらないような平和を取り戻す以外にない」と覚悟を決め、残留を決意したのである。

戦時中は敵国ということもあり、大国アメリカの矛盾に対峙するしかない。第二次世界大戦中の非常時局とはいえ、日本人の強制収用、強制移住のように、アメリカには弱点や欠点があると同時に、湯浅はアメリカのふところの深さと世界のホープでもあるということを感じたという。このように戦時中の湯浅の仕事は教会活動による日本人救援活動であった。必ず来る戦後のために、日本人の将来の可能性を信じ、ユネスコや、ＹＭＣＡの活動など準備活動も怠らなかった。

戦時中、湯浅は自由を剥奪されることはなかったが、湯浅は驚くべきことに遭遇する。国務省の日本担当官が訪ねて来て、日本人の写真四〇枚ほどを見せ、この写真の人について詳しいことを知りたいので教えて欲しいという依頼である。京都出身者が多く湯浅の知人もたくさんいた。アメリカ人らしく誠実で隠し事もなく、率直な質問だったという。また海軍省からも日本語と文字について意見を求められる。漢字をなくして、ひらがなかカタカナにしてはどうかと民主主義の普及について湯浅に意見を求めてきた。湯浅は漢字を廃止するのはまったく意味がないと返事をしている。

これらの目的は日本占領時に、京都に進駐した時、これらの人の協力が必要ということであった。戦争が始まったばかりなのに、もうアメリカは新しい日本を作る準備をしているのは驚きである。一方で同胞を決して忘れることなく、居留地に拘留された在留邦人や日系人を激励してまわった。そして一九四五（昭和二〇）年、遂に太平洋戦争は終わった。

湯浅八郎とララ物資

戦後の日本は悲惨だった。日本にいた新聞記者からアメリカに入った報道は、日本人の多くが困窮状態にあることだった。住宅、食料、衣類も満足に得られない状態で暮らしていた。湯浅八郎らが「故国救援会」を組織するのは、敗戦からわずか一カ月後の九月中旬である。この組織のきっかけは、日本が戦艦ミズーリ号上で降伏文書に署名し、太平洋戦争が正式に終わった一九四五年九月二日から三日しか経っていない九月五日、湯浅八郎などニューヨーク在住の日系人九人が日本救援の準備のための有志懇談会を創って相談し、「故国救援会」を立ち上げた。これがララ救援活動の始まりのである。

湯浅らは、アメリカ政府へ民間人の救援活動の認可を強く訴え続けた。アメリカ政府やGHQが日本救援事業のため組織団体の一本化を条件に認可に踏み切ったのは間もなくである。日本国民に大量の救援物資を送った組織として「ララ（LARA Licensed Agency for Relief of Asia）」ができたのである。LARAとは、「アジア救済公認団体」であり、その直前まで敵国であったアメリカの民間有志による援助組織NGOであるララの成立である。続いて、八月八日には、日本救援紐育委員会が州法によりNPOとして認可され、潮のような力強い日本救援の大ボランティア運動の幕が切っておとされたのである。

在米の日本人やその子孫である日本人もこぞって参加した。ララ物資の第一陣、ミルク、米粉、バター、衣類など四五〇トンを積んだハワード・スタンバリー号が横浜に到着したのは、一九四六（昭和二一）年一一月三〇日であり、徹夜で荷揚げを敢行した。

敗戦直後の日本はそれほどひどいものだった。特に最悪の食糧事情であった。一日の配給米は名目上では二合、それも芋にとってかわる。闇米、買い出し、栄養失調、隠匿物資といった新語があたりまえになった。年末になると、食糧に加えて、越冬が問題になってくる。燃料、電灯、衣服もなく防空壕や掘立小屋で寒さを凌げるのか。復員軍人も何百万人という単位で海外から帰国する。日本政府も官僚もなす術もなく放心状態であった。アメリカ占領軍は、食糧に続き軍用衣料も配布することになる。

このように、戦後、初期の食糧を中心としたアメリカの対日援助、民間からのララ（アジア救済連盟）の救済物資による援助である。

そしてその組織から送られる救援物資は「ララ救援物資」または「ララ物資」と呼ばれた。この救援は終戦の翌年の一九四六年一一月から一九五二年まで続いたが、ララが日本に送った物資は、一九五二年五月までの受領記録（厚生省『ララの成果』一九五二年六月出版）によれば、食料、衣料、医薬品、靴、石鹸などが一万六七〇四トン、山羊二〇三六頭、乳牛四五頭などで、邦価に換算すれば実に四〇〇億円を遥かに超えている。戦中、強制収容所に収容され、内地の日本人と同様に苦難を強いられた日系人が、戦後「沈黙を守った」多数の二世がいたのは事実である。一方「ララ救援物資」に見られるように、日本との絆を重視した日系人には頭が下がる思いである。ララを通じての日本への救援物資だけでなく、個人として日本に住む友人や親戚にアメリカから慰問品を送った日系人も数多い。新たな日米関係に動いた日系人なのである。

ＧＨＱ総司令部は日本本土決戦を想定して備蓄してあった軍の食糧を放出することを決定し、一九四六年一月にはフィリピンから、三月には太平洋諸島から配給に供される小麦が到着した。他にも占領軍（米軍が主体であるが一部英連邦軍も含む）による余剰物資の放出は、早いものではすでに一九四五年九月から行われていた。一方、総司令部の要請もあって、アメリカ政府も一九四六年三月に小麦の緊急輸出、さらに五月に来日したフーバー元大統領も、アメリカ政府へ食糧の対日輸出を要請した。この年、五月から九月にかけてのアメリカからの輸入食糧は、およそ五四万五〇〇〇トンの穀物、一四万二〇〇〇トンの缶詰に及んだという。一千万国民が餓死するとまで噂された危機は回避されたのである。

次いで、初期の援助にアメリカによるガリオア・エロア援助が続いたのである。このような援助は、他の経済政策とあいまって、その後の日本の高度経済成長の呼び水となったとも言えるし、日本の国民レベルでは対米観を著しく好転させ、アメリカと仲良くすることが最善であると実感したのである。

最初の援助の引き金となったのは、湯浅八郎の「故国救援会」である。このことを日本人は決して忘れるべきではない。このように湯浅八郎は日本人として、精一杯アメリカで母国を思いながら生き続けた殊勲者なのである。

また、同じ時期には初めて北米キリスト教協議会も「和解」と「世界平和」と「民主主義」への貢献をめざし、その日的のために働く青年を育成しようとするビジョンと構想に立つ大学の設立をめざし、一九四四年の初頭には、ニューヨークで、大学設立の準備に入っていたのである。アメリカの良心と良識を代表すると考えられるアメリカのキリスト教会の指導者たちがどのように考え、日本のために戦後の準備をしたかが重要である。それが日本にＩＣＵを創設するための三〇〇～五〇〇〇万ドル資金蓄積計画である。精神、教育面からのアメリカの分家を作ることが目的だったのである。

戦後、乞われて同志社総長に復帰

湯浅八郎はララ（ＬＡＲＡ）の前身である「有志懇談会」で日本救援の準備のための援助組織を始めたの

である。そしてララの準備がついたところで、終戦の翌年、一九四六（昭和二一）年一〇月、アメリカより帰国した。

日本はようやく平穏を取り戻し、新しい時代である民主主義、自由主義、平和主義、国際精神の時代になった。戦前に非日本的だ、国賊だといわれたものが復活するわけであるから、湯浅は再び乞われて、一九四七年、第一二代同志社総長に復帰することになった。

最初に湯浅は、かねがね同志社を支持していたアメリカン・ボードからの派遣という形で、マドラス会議以来の知己であるシーベリー女史を教育顧問として招く。

その当時はまだ日本は生活も苦しい時だったので、アメリカの教会からの物資援助も助かったし、シーベリー女史を通じて、再び日米両国の友好関係が同志社で復活した。また当時は荒廃していた宗教活動を何とかして復活させたいというので、学生たちとコーヒー・アワーを始めた。自由に、ヒューマンなキリスト教接触の機会がつくられた。

アメリカン・ボードが歴史的に、新島襄以来、同志社に寄せていたキリスト教普及の戦後版の復活である。そういう役割を湯浅とシーベリー女史は果たしたわけである。

しかし、自由・自治・自立の建学の精神は健在であったものの、大学はリベラルアーツ色が薄れ、総合大学化していくのが時代の趨勢であった。そして、一九五〇年、国際基督教大学総長として、設立準備に入るため同志社総長を退任するのである。

湯浅が戦時中にアメリカにいた時、すでにダレスらと戦後の日本の教育問題が議論され、もっと長い目で日米関係や世界の問題を考えると、将来の基礎を固めるためには新しい時代に即応した、宗派を超えた国際的なキリスト教主義の大学をつくろうということで、構想が固まっていたようである。湯浅もその構想を知っていて、自分の考えを伝えたこともあったので、この大切な事業には協力しなければならないと湯浅自身決意していた。

日米合作の国際基督教大学の創設

一九四五（昭和二〇）年一〇月には連合国の占領軍の軍属以外の民間人として、初めて北米キリスト教協議会の代表団が来日し、日本と北米キリスト者の共同事業として、「和解」と「世界平和」と「民主主義」への貢献をめざし、その目的のために働く青年を育成しようとするビジョンと構想に立つ大学として、国際基督教大学の創設が発議された。そして日米の関係者の精力的な計画立案の作業が精力的にすすめられた。

日米協力によるこのキリスト教大学建設事業に対する支援として具体化されて全米に反響を呼ぶことになったのである。一九四八年には、ニューヨークに日本国際基督教大学財団が設立され、その後の募金活動の中心を担うこととなった。

日本では、一万田尚登日本銀行総裁を後援会長として全国に募金活動が展開され、企業や団体、キリスト者・非キリスト者を問わず数多くの人々から募金が寄せられた。そして、日本の大学設立委員会は、すでに湯浅の帰国とほとんど同時に、湯浅八郎に、同年一二月二日の会合（於明治学院）において、「湯浅博士をこの新しい大学の学長に招きたい」という意向を満場一致で決定し、表明している。ところが、湯浅は同志社大学総長（第一二代）に一九四七年四月より就任を求められており、それが決まっていたので一度は断念した。

一九四九年六月一三〜一六日の期間に御殿場会議が開催され、新しい大学の根本方針が討議されることとなった。日本側からは、準備委員の人たち、および、日本のキリスト教諸大学の学長たちが、アメリカからは、北米のキリスト教界の指導者たち、ディッフエンドルファー財団会長、M・トロイヤー教授らが出席した。そして、この四日間の会議において、湯浅八郎同志社総長を初代学長に選んだ。

湯浅にとって、初代学長として新大学の創立の喜びは格別なものがあり、一九五〇年からアメリカとの間を往復しながら周到に準備に入る。まさに日米両国が祖国と考える湯浅にとって適役であった。

御殿場会議では理事会および評議員会が公式に組織され、大学設立の基本方針が採択され、教育計画の原則が決定された。日本の地に超教派のキリスト教大学を設立しようという日米のキリスト者の約半世紀にわたる願いがかない、その努力が実を結んだのである。

一九五〇年には、日本で集められた募金により、東京の三鷹市に広大な土地が校地として購入された。一九五二年四月、献学式が行われ、まず語学研修所が開設され、一年後の一九五三年三月、文部省より学校法人国際基督教大学の設置認可を得て、同年四月一日、日本で最初の四年制教養学部大学として発足するに至った。

本大学は三つの使命として、キリスト教の精神に基づき、世界人権宣言の原則のもと、自由にして敬虔なる学風を誇りとしている。その目的は、国際的社会人としての教養をもって、神と人とに奉仕する有為の人

平和記念碑

湯浅八郎記念館

材を養成し、恒久平和の確立に資することにある。創立以来、その名に示される通り、国際性への使命（I）、キリスト教への使命（C）および学問への使命（U）の三つを掲げ、その実現を努めてめざしている。

新しい時代に即応した大学は、総長や理事長、理事、教授も助手も新入の一年生も、皆、同じ共同体のメンバーで、人間の最も自然な愛の精神に基づく共同体「ファミリー」というビジョンを掲げる。

広大なキャンパスと世界各国から人材が集まり、自由を謳歌する少人数教育、リベラルアーツは開学以来特色ある有能な人材を多く、輩出している。湯浅は一九六二（昭和三七）年、大学の基盤も固まったため一一年間の総長職を退任する。国際基督教大学のキャンパスに、湯浅はたった一つだけ一番大事なこととして残したいものがあった。それは一九五二年、平和条約を記念した図書館の前に置かれた記念石である。

また、校内の一角には「湯浅八郎記念館」があり、湯浅八郎が収集した民芸品やキャンパスの遺跡から発見された埋蔵文化財が陳列されている。

国際基督教大学総長退任後、湯浅は故郷の京都へ戻り、同志社大学、国際基督教大学の両大学の名誉総長の栄誉を受け、好きな民芸に打ち込みながら晩年は静かに過ごす。一九八一年、終戦記念日に九一歳で永眠した。

第十章　日本生まれのパートナー・エドウィン・ライシャワー

宣教師の学者の家庭で育つ

エドウィン・O・ライシャワー（一九一〇～一九九〇）は東京生まれである。生い立ちについては『ライシャワー自伝』に詳しく書いてあるが、一九六一年、駐日アメリカ大使時代に父オーガストの伝記発刊にあたり「父母とともに」という一文を寄せている。

その中で、父はドイツ系オーストリアからの移民農家に生まれ、ドイツ新教派の流れをくんでいた。祖父は南北戦争で北軍に従軍し父は宣教師として日本に派遣された。母は古いアメリカ人の家系で長老派教会の聖職の出身である。両親ともに健全で安定した精神の持ち主で、子どもたちのために落ち着いた幸福な家庭を築いてくれたのであった。

まず父親のオーガスト・K・ライシャワー（一八七九～一九七一）については第六章の「新渡戸稲造」のところでも触れたが、その足跡を辿ってみよう。

父オーガストは、一九〇五年シカゴのマコーミック神学校を優秀な成績で卒業し、教師の按手礼を受け、ヘレン・オールドファーザー嬢と結婚した。その後、日本への宣教師として任命を受け、明治学院に配属された。彼は一九〇五（明治三八）～一九四一（昭和一六）年にわたる三六年間、その生涯のほとんど全部を日本教化のために献げた。その間、オーガストは明治学院の教授、引き続いて日本神学校の教授を務めるかたわら、女子学院の院長、東京女子大学の常務理事、日本聾語学校の創設、経営にあたるなど顕著な貢献をした。

一方オーガストの学問的業績には「霊魂不滅論」「日本仏教の研究」「真宗百話訳」「往生要柴訳」などがある。彼は一九四一年引退し、帰米するにあたって、日本政府から勲三等に叙せられた。

さて、オーガストは、配属された明治学院の神学部で神学を、他の学部では英語を教えていた。エドウィンは次男として一九一〇年一〇月一五日、芝白金台町の明治学院内の宣教師住宅で生まれた。現在、旧宅は東京都東村山市の明治学院東村山高等学校・明治学院中学校の敷地内に移築され、残されている。

オーガストは日本人の信仰を理解もせずにキリスト教に改宗させようとするのは意味がないと考え、仏教にも関心を示し、一九一七（大正六）年に『日本仏教の研究』を出版し、ニューヨーク大学から神学博士号を受けている。さらに源信の『往生要集』を翻訳したり、その他にも数冊の本を出した。このような父の学問的業績を兄・ロバートとエドウィンは誇りに思うとともに大いに影響を受けて育った。

そして、ライシャワー家は極めて地味な家庭で、倹約の精神が徹底していたようである。母・ヘレンは一貫して婦人矯風運動と貧しい人のためのセツルメント活動に熱心だったが、最大の業績は聾者を口語法（口の形で音を読み取る）で教える日本最初の学校を創ったことである。長女・フェリシアのことから聾教育に関心をもった母は、娘をアメリカの学校に入れた時教育法を学んで帰り、改革派教会のロイス・クレーマーや日本の同志たちと力を合わせ一九二〇年に日本語学校を発足させた。

このように多くの日本人に愛され、尊敬された両親をエドウィンは誇りに思っていたし、その後のライシャワーの人生に大きな精神的支えとなり、自信になったことは間違いない。

そして兄弟に対する教育は自主性尊重の教育であり、エドウィンは人間の平等を強く意識し、また独立心がもてた。エドウィンが一六歳で大学進学のため合衆国へ帰った時、毎月相当額を送金をしてくれたが、毎週日曜日に手紙を書くよう命じた以外、なんら束縛しようとしなかったと言っている。

オーガストは仏教研究は続き、伝統ある日本アジア協会の活動にも熱心で副会長を務め、さらに、立派なキリスト教大学を創ろうと尽力した。北米のプロテスタント諸教派の援助のもとに、東京女子大学が一九一八年に東京府豊多摩郡淀橋町字角筈（現在の新宿）を校地に、開学した。

オーガスト・ライシャワーは常務理事として、財政を担当し、大学の礎を築いたのである。学長に就任した新渡戸稲造は、実際の授業運営をするのは安井学監であったから、「安井さん、ここを学校にしないで下さい」とくれぐれも頼んだという逸話がある。つまり、時間割に自由時間を設けて、学生が自由に議論したり図書館で読書したり研究したりする時間を十分用意してほしいというのである。一方通行の講義だけでは人材は育たないことを、この時代のアメリカの教育の実態から理解し、自主性を重んじた教育の重要性を理念としてもっていたからである。新渡戸もオーガスト・ライシャワーの考えと完全に一致していた。

築地のアメリカンスクール

ライシャワーは多くの在京アメリカ人子弟と同じく小学校・中学校と当時築地にあったアメリカ人向けナショナルスクールのアメリカンスクール・イン・ジャパンで学んだ。この学校は初等、中等一二年制の学校で、生徒数は一三〇人前後だった。多種多彩な人種の子が一堂に集まっているから国際理解を身をもって経験した。兄弟ともに、日本生まれであったことから「ボーン・イン・ジャパン（ＢＩＪ）」と呼ばれたが、二人はそれが自慢で、そうでない友達に対して優越感をもったと言っている。そして、さらに「ＢＩＪには、たしかにちょっと神秘なところがあった。私は日本を『発見』する必要がなかったし、日本的なことで不思議に見えたり異国風に感じられるものは一つもなかった。そういう感じを持つのは、むしろ祖国であるアメリカに行ったときだった。いまでも、五つのときサンフランシスコの波止場に着いた船のデッキから、白人の沖仲仕が黒人に混って働くのを見たときの驚きを、はっきり覚えている。日本人の特異な単一性を見ても別にどうとも思わない。複雑怪奇なアメリカ社会ではなく日本を理解し紹介することを職業とした幸運を、感謝せずにはいられないのである」と自伝で言っている。

なお、ライシャワーは日本生まれであるが、やはり当時の多くの在京アメリカ人子弟と同じく、父親の知人や使用人、軽井沢の別荘で知り合った上流階級の子弟以外の日本人との深い交流はほとんどないまま過ごすことになった。

その頃日本で見る西洋人は、宣教師、教師、外交官、貿易商、それとたまに観光客くらいで、肉体労働をする白人といえば、時々疲れた白系ロシア人が大きな包みを肩に載せ東京の町から町へ布地を売って歩くくらいであった。

一九二三（大正一二）年の関東大震災は軽井沢で経験し、震災後は家族や日本人、諸外国人の別荘仲間らとともに、軽井沢駅で軽井沢に疎開してきた被災者に対するボランティア活動を行っている。このようにライシャワーにとって、少年期を日本で過ごしたことが、日米友好を絆にし、国際的な理解と協力の推進が生涯を通じての大テーマとなったのである。

オーバリン大学・ハーバード大学院へ

ライシャワーは一九二七年にアメリカに戻り、オーバリン大学に入学し、同大学で「一八六〇年以前の日米関係」という論文を書き、卒業する。そして一九三一年秋、ハーバード大学文理学部の大学院に進学する。その年の夏に同級生ジーン・アンダーソンと結婚した兄は、ホルデングリーンの妻帯者学生用アパートに移っていた。そのため、ライシャワーは、オックスフォード・ストリートにある古臭い大学院寮パーキンス・ホールに入り、兄のいた部屋でオーバリン時代の同級生アーサー・ホーグと同室で勉学することになった。夕食だけは兄とジーンのところでご馳走になり、日本や中国史を主な話題に延々と専門的な議論をした。兄とジーンそしてホーグのおかげで、学究生活は充実していた。

当時のバーバード大学はローウェル総長時代の末期で、昔ながらに極めて貴族的な、ニューイングランド的偏狭に染まった学風で、やはり学部教育を重視していた。

大学院は、国家的要請に応えて部外者を受け入れるための飾りにすぎないようだった。ライシャワーは歴史学部に籍を置き、大学院に入った翌年六月には修士号を取った。

一九三二年、フランスからアメリカに渡った日本学者のセルゲイ・エリセーエフがハーバード燕京研究所所長となり、ライシャワーはその門人になる。翌年一九三三年からフランスと日本・中国で研修を行った後、エリセーエフが設立を計画している極東言語学部において日本語の講師として教鞭を取ることを依頼される。

一九三三年、パリにある国立現代東洋語学校で東洋史を学んだ。このヨーロッパ留学中に、オランダやオーストリア、ドイツ、チェコスロヴァキアなどを旅し、ドイツでは、レーム事件の現場に居合わせている。

そして二年間のヨーロッパ研修が終わり、一九三五（昭和一〇）年八年ぶりに日本へ立ち戻る。外見上も内面上も著しく変わった東京であったが、東京での生活にはすんなり復帰することができた。日本への帰国後は東京帝国大学文学部の初の外国人特別研究生となり、同年七月にはハーバード時代の美術史専攻の同級生アドリエンと東京で結婚し、一人ではなかったからである。

日本では、劇的な変化が起こっていた。一九二〇年代の経済的停滞は、工業化の進行につれ、海外市場と原料供給地を必要とする日本を、先行き不安の状況に追い込んだ。軍部や保守系の政治家は、大きな海外領土を持つ欧州列強やアメリカ、ソ連などの大国を見て、日本も世界景気の変動に流されないためには大帝国建設が必要という結論に至ったのである。

そして、不幸であったのは日本が明治期の帝国建設の夢を可能にする仕組みがあったことである。大日本帝国憲法は軍隊に文民政府から独立した統帥権を与えている。陸軍はそれを利用し、独自の直接行動を開始した。皮切りは一九三一年九月に始まった満州の征服であり、やがて内モンゴルや中国本土など東部辺境地区の侵攻が続いた。

満州国ができ、日本のナショナリズムは高揚した。軍部や保守的な軍部同調者の発言力は強まり、反比例して政党の力は弱くなり、文民政府は崩壊寸前に至った。

自由だった一九二〇年代の大正デモクラシーの気風はみるみる退潮し、全体主義国家になろうとしていた。一九三五年夏の時点では、このような風潮は近代化のため、避けて通れない道なのか、多くの国民、おそらく過半数は成り行きに不安をもっていた。

こういう世情の中でライシャワーは京都帝国大学文学部国史学科の特別研究生となり、「円仁の研究」に着手した。住まいは御所の北、鞍馬口に小さな二階建ての日本家屋を借りた。その後日中戦争最中の一九三七年一一月に北京へ向かい、燕京大学で研究活動を行う傍ら中国文化院で中国語を学んだ。これに先立つ八月には、研修のため日本と中国を訪れた、実兄でプリンストン大学教授のロバートが、訪問先の上海で中国軍機の誤爆を受け死亡した。兄はハーバード大学東洋言語学部専任講師で、「慈覚大師円仁の研究」で文学・哲学博士を受けた逸材であった。惜しくも日中戦争の犠牲になったのである。

エドウィンは一〇〇人を超える出迎えの中、東京駅に送り返された遺骨を、家族を代表して、引き取りに行った。ジョセフ・グルー大使と会ったのもその時である。

そして、エドウィンは気を取り直して、翌一九三八年には日本統治下にあった京城に三カ月滞在し、ジョージ・M・マッキューンとともに朝鮮語ローマ字の表記として有名になる「マッキューン・ライシャワー式」を考案した。

日米開戦とハーバード大学燕京研究所

ライシャワーは一九三八年にハーバード大学燕京研究所に戻った。翌年には『入唐求法巡礼行記』の研究で博士号を授与された。そしてハーバード大学極東言語学部講師にもなり、学生に日本語を教えていたが、一九四一年、国務省から夏の間だけでも極東課で働いて欲しいと依頼があった。日米戦争回避のため、東京駐在のグルー大使に、アメリカの新聞論調を要約して送るのが仕事であった。それ以外にハミルトン極東課長の補佐をしている。当時国務省には日本通が少なかったのである。

ライシャワーはハーバードへ戻るに際して、「太平洋における積極的・包括的平和政策の採用について」という一八ページの覚書を提出している。誠に的を得た正論であり、これが生かされなかったのは残念である。その内容を次に掲げてみる。

「アメリカは日本に対し既成事実の放棄を要求したが、代わりに何かを与えたか？　拡張主義を放棄すれば日本側の正当な要求は考慮してやろうという以外、具体的、建設的なことは何も提示していない。包括的、具体的で公正な代案を持たずに、現下の極東情勢を平和裡に解決などできるだろうか、アメリカは『紛争以前の状態の回復』をしきりに日本に求めるが、ヨーロッパと違って東アジアでは、それは帝国主義と不平等条約の温存を意味する。アメリカは十九世紀の（西欧の）帝国主義の不正を温存しながら二十世紀の（日本の）帝国主義に反対し、戦うことができるだろうか」

と書かれている。

さらにルーズベルト大統領とチャーチル英首相の大西洋憲章を引用し、憲章の精神を東アジアに適用すれば「同地域の将来と平和のための包括的、具体的計画になるはずである。なぜならヨーロッパ植民地主義国がアメリカに依存している今日こそ、その依存を利用し、アメリカ独自の政策を推進する好機だからである」。「太平洋でアメリカが追求すべき平和」という章で、国際協力と相互繁栄の太平洋地域を作るため、次の四項目を提案した。

・「太平洋地域に属する国家、国民、個人は、ほんらい平等の国家、国民、個人である」。この原則はヨーロッパ列強の植民地にも適用され、一九二四年の「排日移民法」に代表されるあらゆる人種的偏見の排除を目的とする。

・太平洋地域の全国家は「完全な主権と領土保全」を保障されなければならない。これは満州以外からの日本軍の撤退を求めるとともに、中国における列強の租界、治外法権、軍隊保持の特権などの放棄を意味する。

・すべての国は太平洋地域の資源・産物に同等のアクセス権をもち、遠い宗主国の利害ではなく現地住民の利益が優先する。

・「太平洋地域の現植民地運営は、その地に永続的に住む住民の利益を優先し、植民地や住民を自治と独立に向かって準備させる方向に進むべきである」。

ライシャワーの考えが率直に出ていて、もしこの覚書が日米交渉に採用、あるいは反映されていればと思うと残念である。

ライシャワーの天皇観

戦時、ライシャワーは国務省の依頼を受けて極東課で数カ月間働き、その後再びハーバード大学に戻るものの、同年一二月の第二次世界大戦へのアメリカの参戦、日本との開戦後の一九四二年にはアメリカ陸軍通信隊の依頼で日本語の翻訳と暗号解読のための学校の設立を行うことになった。続いて翌一九四三年には、アメリカ陸軍の参謀部情報に少佐として入隊し、日本軍の暗号解読や心理戦などの対日情報戦に従事する。

戦後、一九四五年一一月には中佐として陸軍を除隊して、国務省の外交諮問委員会の極東小委員会の委員となり、天皇制の将来に対する政策や、日本の植民地から離れることになった朝鮮半島に対する政策立案などを担当した。日本専門担当者としてライシャワー、ボートンとアリソンの三人が担当した。

将来の日本のことを考え、平和で民主的で繁栄した日本、つまりは実際にそうなったような日本の姿を長期的展望として思い描きながら仕事をしたという。

国務省が直面したもっと大きな問題としては天皇の処遇問題があるが、この点は終戦になるかなり前からすでに論じだしていた。天皇処遇についての態度はどうあるべきかについての最終的立場の起草にあたったのが、ライシャワーである。

その内容の骨子は次のようなものである。

「天皇個人は戦争と無関係である。天皇は単なるシンボルだったにすぎず、このことは日本人はみなよく知っている。天皇個人としての行動はつねに戦争に反対するものだったし、『何とか平和にいけないのか』というものだった。だから、天皇を罰することは、個人への正義の見地からは非常に不当なものとなろう。また、天皇を罰し、退位を強いるようなことをすれば、後になって日本の中にはたいへん危険な反動を生じかねない状況をつくりだすことになる。そうしたことは避けるべきだ。われわれは、天皇のことで何かをする際にはこの上なく注意深くなければならない。ずっとあとになってから危険な反動をもたらす可能性があるからだ。戦争が終結しさえすれば、天皇はたいへん有用な存在となり、われわれにとって大いに力となるであろう」。

ライシャワーは、日本国民の協力をかちえるよう周到に考えられた戦略を示唆するように、次のように主張した。

「日本自体がわれわれの目的にかなう、考えられるかぎり最上の傀儡《かいらい》を作り出している。われわれの味方に引き入れることができるだけでなく、巨大な権威を伴う、傀儡である。……私がいいたいのは、もちろん日本の天皇のことである。……彼が生涯の多くの期間に得た教育および交友関係から、日本での評価基準に照らして、天皇はリベラルで心から平和を愛する人であると判断できる十分な理由がある」

実際、天皇陛下の八月一五日、「たえがたきをたえ、しのびがたきをしのび」という降伏命令に国民が全員従い、米軍進駐後の混乱は皆無だった。天皇が「人間宣言」とともに主権在民、民主主義の復活、戦後の日本の復興に、非常に役にたち力になったことは衆知の事実である。

血は日本、教育はアメリカのハル夫人

妻に先立たれたハーバード大教授エドウィン・ライシャワーが松方ハルと劇的な出会いの後、結婚したのは、戦後日本の高度成長が始まった一九五五（昭和三〇）年、エドウィン四五歳、ハルは四〇歳であった。ハル・ライシャワー（一九一五～一九九八）はこうしてアメリカの市民となり、その後さらに日本出身の駐日アメリカ大使夫人になるという経験をし、日米間の架け橋になる重要な役割を演じた。

ハルは明治の元勲**松方正義**と在米日本人実業家**新井領一郎**を祖父にもち、松方正熊と母、美代子の間に生まれた。この両親のもとに生まれたこと自身が、この後の松方ハルの運命が、二つの国を祖国として生き抜くことを暗示していたと言っても過言ではない。

アメリカ育ちの母の方針で、正規の学校教育とは異なる教育を受け、長じてアメリカの大学を卒業した。しかしハルは在米中に日本人としてのアイデンティティに悩み、やはり自分が日本人であり、アメリカ人とは違うということを意識するようになったからである。アメリカ社会に、まだ日本・日本人に対する理解がなかったということも理由の一つであった。一九二〇年代には、連邦レベルでも「排日移民法」が成立し、日米間の葛藤が始まった。

このような時代背景も、ハルはこの在米期間中に、日米間の知的な架け橋になろうと努力した。その一つが一九三六年、ヨセミテで開催されたＩＰＲ会議（「太平洋問題調査会」）で通訳をしたことである。ＩＰＲ会議は、イギリス、アメリカ・日本からの知識人らが、知的協力を通じて国際関係に寄与しようと企画したものである。ハルはここで、姉のナカ、西園寺公一（戦後は日中関係の改善に奔走）、近衛文隆（敗戦後ソ

連に抑留・死去）らとともに、この調査会の通訳として会議の裏方で手伝った。このような会議の経験は、アメリカ留学体験と合わせて、後のハルの人生に大きく影響することになったのである。ハルは一九三七年七月七日、兄弟と別れてひとり日本へ帰国した。二つの国の狭間で苦しい経験をすることになる。現在の元麻布の西町インターナショナルスクールが松方家であった。

戦後、ハルはジャーナリストとして活躍し、エドウィン・ライシャワーの後妻になったが、最後はハルによって遺骨を太平洋に撒くという、まさに二つの人生と言ってもよいような劇的な経験をしながら、日米両国の間を生き切った。

松方正義

鹿児島出身。明治維新に参画して、その後維新政府で財政を担当した。近代日本の国家建設で最も重要な財政の基礎をいわゆる「松方財政」作った。伊藤、黒田、山県の各内閣の蔵相。この間首相として二度内閣総理大臣になる。名実ともに近代日本の創設に関わった元老の一人である。華族の称号（公爵）を得ていた。

新井領一郎　（一八五五～一九三九）

群馬県桐生市出身。製糸業を営む星野家（長兄・衆議院議員をつめた星野長太郎）に生まれ、生糸問屋新井家の養子となる。一八七四（明治七）年、開成学校に入学、翌一八七五年には東京商法講習所に学んで、日本の生糸貿易の先駆けとしアメリカへ移住した。一八九三年、横浜生糸合名会社を創業し、同社専務（後に会長）に就任。同年、森村豊と生糸輸入販売会社・森村・新井商会を資本金一〇万ドルで設立。アメリカ最大の生糸輸入の地位を固め、一九〇六年には、日本からアメリカに輸入された生糸総量の約三六パーセントを取扱った。エドウィン・ライシャワー夫人は孫である。

駐日アメリカ大使になる

ライシャワーは一九四六年、ハーバード大学に戻り、極東学会の副会長、会長を歴任する。そして、ハーバード大学時代の教え子にはジミー・カーター政権の国家安全保障問題担当大統領補佐官を務めたズビグネフ・ブレジンスキーらがいた。また、一九四八（昭和二三）年には人文科学顧問団の一員として、占領下の日本へと戻り、ダグラス・マッカーサーとも会談し、日本政策について意見を述べている。

一九五六年にハーバード大学燕京研究所所長となった。

日米間に大きな亀裂を残した安保闘争直後の一九六〇年夏に、ハーバード大学燕京研究所所長として日本を訪れたライシャワーは、「損なわれた対話」と題した論文を外交専門雑誌『フォーリン・アフェアーズ』一九六〇年一〇月号に発表し、「アメリカをはじめとする西側諸国は、日本の政府（閣僚や与党議員）や財界の指導者層だけでなく、野党や右翼、左翼活動家、知識人とも異端視することなく対話を重ね、日本の主流から外れた人々の実態や抱える不満を把握するべきである」と主張した。

この論文が当時就任して間もないジョン・F・ケネディ政権の国務次官であるチェスター・ボールズの補佐官のジェームス・C・トムソン・ジュニアの目にとまり、駐日大使への就任要請につながったと言われる。

ジョン・F・ケネディ大統領からの大使就任要請を受諾したライシャワーは、一九六一年四月には駐日アメリカ特命全権大使として東京に赴任し、「日本生まれのアメリカ大使」として日本人の妻とともに日本国民から人気を博した。

ライシャワーは大使就任に際し、戦後の日米関係を真に対等な関係にし、アジアと世界の平和と安定のために努力することを誓った。日本の戦後には核問題、沖縄基地、近隣諸国との友好（特に日韓正常化）などさまざまな難問、解決を迫られるプロジェクトがあったからである。

ライシャワー事件

一九六四年三月、予想もしない事件が起こった。公邸での韓国の金鍾泌との昼食会のため大使館を出ようとした大使の右腿を、出刃包丁を持った男がいきなり刺した。腰から膝まで五〇センチの重傷を負った。ただちに虎ノ門共済病院に運ばれ、当然大量の輸血が必要であった。さらに四日後、胃潰瘍のための出血で、再び輸血を受け「これで私の体の中に日本人の血が流れることになりました」と発言し多くの日本人から賞賛を浴びたが、この輸血が元で肝炎に罹る。当時の日本はいまだ売血制度が続けられており、不幸にもこの時の汚れた血が輸血されたのである。その後血清肝炎の発症の原因になった。三週間後、療養のためハワイに移り、七月に東京へ帰ったが、病状は思わしくなかった。「今退任し帰国すれば日本人は事件の責任を感じてしまうだろう」と考え留任することを決めた。

日本人にとって念願の東京オリンピック開催を一〇月にひかえていたため、「日本人への配慮」から辞職は思いとどまったのである。また、ベトナム戦争による日本の反米感情は、深まったこともあり、実情把握のため、翌一九六五（昭和四〇）年末、無理を押してベトナム視察旅行に出かけた。

そして一九六六年、大使を辞任した。退任後はハーバード大学日本研究所所長として歴史に限らず日本研究を推し進め、後進の指導にも尽力した。

ライシャワー大使はこの事件以降、血清肝炎に悩まされた。そして晩年には何度か血を吐き救急車で運ばれることもあったという。

その後、ハル夫人はサンディエゴ郊外のラホヤで日米学生交換の研修を支援した他、ライシャワー日本研究所主催の日本研究シンポジウムに参加するなどの活動を続けた。

真の日米パートナーシップ実現

出生や家族といった側面だけでなく、ライシャワーは前述したハーバード大学在任中の論文、また戦後の論文で主張した日本の多くの層との対話を実行に移し、全国に妻とともに積極的に出向き、市民との対話に努めた。駐日大使在任中にほぼすべての都道府県を訪問した他、妻のハルも女性団体やその他各種団体などとの会合に積極的に出席するなど、市民との接触も積極的に行い、その活動は数多くのマスコミで大きく報道された。

また、昭和天皇などの皇族や、吉田茂、岸信介、池田勇人、佐藤栄作など歴代首相など与党リーダー層のみならず、社会党などの左派野党議員や石坂泰三などの経済人、池田大作などの宗教関係者や左派を含む労働組合関係者とも積極的に会談を行うなど、アメリカ本国のケネディ政権と協調して日米政府間の対等をアピールすることで、「日米パートナーシップ」を基に日米関係の強い絆を作り上げた。

在日アメリカ軍司令官や太平洋軍司令官、そして沖縄の琉球列島高等弁務官などとも緊密な関係を取り続けた。さらに、日本を訪問したアヴェレル・ハリマンやリチャード・ニクソン、ロバート・ケネディなどの政界関係者と日本の政財界人との間をつなぐだけでなく、彼らに対して同盟国の日本との関係の重要性を理解させるように努めた。

しかし、一九六三年一一月のケネディの暗殺後、ジョンソン政権になり、アメリカのベトナム戦争政策を起因とする日本人の反米感情の高まりへの対処に苦慮することとなる。ライシャワー自身ベトナム情勢に対する本国の政策に違和感を覚える。

遂に一九六六年七月に帰国した際に、ジョンソン大統領に辞任の意向を伝えた。ジョンソン大統領からは極東問題担当の国務次官への就任を依頼されたが拒否し、八月一九日に東京国際空港から帰国した。

帰国後、ハーバード大学教授に帰任、南ベトナムへの干渉や中華人民共和国の承認、沖縄返還、対韓国政策の再考などに関し精力的に発言し、さらに日本をはじめとする極東問題の専門家として歴代政権ばかりか、ヘンリー・キッシンジャー、教え子のズビグネフ・ブレジンスキーなどのアメリカの外交関係者、さらに中曽根康弘首相や韓国の野党指導者の金大中に対してもさまざまな助言を行い、日本およびアジア研究者として日米間を緊密に往復しつつ活躍した。また、佐藤栄作のノーベル平和賞受賞に際しては、佐藤の受賞の推薦文を記述した。

日本はライシャワーの故郷だった

ライシャワーの著書は日本関係だけでも多数に上るが、いずれも日本人以上に日本通であり、歴史に精通していた。後に一九八一年四月二二日のハーバード大学での最終講義の際、「私がここに初めて来た時、東アジア研究に興味を持っていた大学院生は二人しかいなかった。私と兄だ」と往時を回顧している。

ライシャワーは日本人のニーズや欲望をなぜ理解していたのだろうか。それは「私には日本を発見する必要はなかった。日本の何であれ、私にとっては風変わりにみえたり、エキゾティックに感じられたりするものは一つもなかった。アメリカのほうが風変わりでエキゾティックに思え、日本のものはすべてごく自然で、正常にみえた」と自伝で述べている。日本こそライシャワーの故郷だったのである。さらに「日本のナショナリズムに対する私の共感は知らぬまにアジア全体のナショナリズム理解へと広がっていった。西欧列強の帝国主義は私には不当に思えた。西洋人が現地人を見下しているさまには私は怒りを覚えた」とも言っている。

ライシャワーの日本の知人で親しくしていたのは、父、A・K・ライシャワーと共通し、親子ほどの年齢差はあったが、新渡戸稲造、明治学院の総理だった井深梶之助、朝日新聞の論説委員などをした前田多門、そして東京大学教授の姉崎正治らから影響を受けた。

宣教師である両親の完全な平等主義に影響を受け、ライシャワーはオーバリン大学、ハーバード大学院へと進み、学者と外交官のキャリアを積んだ。アメリカでの高度な教育を受けても日本に対する基本的な姿勢、平等という観念は変わらなかった。むしろ日本文化への尊敬の念、西欧人と日本人は完全に対等であるという強い確信をもったのである。

一九八八年には、公式訪米中の皇太子明仁親王・同妃美智子がライシャワー邸に滞在した。

一九九〇年に、ライシャワーの持病となった肝炎が悪化し、延命治療を拒否し、七九歳の生涯に自らの意思で幕を下ろした。遺灰は、遺言により太平洋に撒かれた。

第十一章　友好の復活と戦後の日米関係

日本人の心を掴んだ戦後の復興援助

一九四五（昭和二〇）年八月一五日、米英中三国の首脳によって発せられた無条件降伏勧告、ポツダム宣言を受諾したことが、ラジオの玉音放送で天皇より国民に知らされた。一九四一年末から始まった太平洋戦争はこうして終結を迎えた。

連合国最高司令官のマッカーサー元帥のもとで、占領統治下に入ったが、この戦争は日本人の心に大きな傷跡を残しただけでなく、産業界も壊滅的打撃を受け、インフレによる国民の生活も困窮を極めることになる。

このような過酷な現実は、輸送機関が破壊された大都市では食糧危機は特に深刻であった。食糧ばかりでなく、衣類、日用品、エネルギー源としての石炭など、あらゆるものが不足していた。加えて、復員兵や在留邦人の本土への帰還も始まる。政府が配給に供する食糧をはじめとする物資は、絶対的に不足していた。そして全国的な食糧・生活必需品の不足で、国民生活は危機的水準に達していた。経済力も沈滞し、現実の窮状は深刻であった。

第九章で述べたように、アメリカによる振興援助は、当初は民生安定のための人道援助の性格を強くもっていたが、東西冷戦の激化により、一九四八年頃からは、日本の経済力を本格的に強化し、日本の共産化を防ぐとともに、日本を反共の砦とするための戦略的な援助へと変わっていくのである。そしてアメリカから日本への戦後復興支援に、多くの日本人が感謝し、真から平和のありがたさを実感した。そして急速な経済力回復につなげたのである。

このような援助は、他の経済政策とあいまって、その後の日本の高度経済成長の呼び水となったとも言えるし、日本の国民レベルでは対米観を著しく好転させ、アメリカと仲良くすることが最善であると実感したのである。

ドッジラインと朝鮮特需

一九四九年、マッカーサーの経済顧問、米デトロイト銀行頭取、ジョセフ・ドッジが来日した。ドッジは第二次大戦後、旧西独の通貨改革を指揮した腕利きである。この人物がまとめた財政引き締め政策「ドッジライン」によって、日本経済は戦後初めての試練を迎えることになる。当時の日本は戦後処理の真っただ中で、復興資金の融資や臨時軍事費特別会計によって通貨量が膨らみ、インフレが急速に進んでいた。モノ不足も深刻で、闇市では法外な値段であっても食べ物、衣類が飛ぶように売れた。こうした中、GHQは財政均衡や徴税強化などから成る「経済安定九原則」を発表。ドッジは具体策の実施を託された。ドッジは「日本経済はアメリカの援助と政府の給付金という竹馬に乗っているようなもの」と指摘し、竹馬の足を短くするために、復興融資を停止して、復興債の償還を要求した。こうしてインフレは一気に収束へ向かうのである。

政府からの補助金撤廃を狙って単一為替レートも設定した。「ドッジライン」の実施で一ドル三六〇円の単一ルートに固定化され、輸出業者にとっては円の切り上げ、輸入業者には円の切り下げになるため、その打撃は大きかった。その結果、「ドッジ不況」になるが、デフレ政策は経済の基盤を確立するためであったが、一方、人員整理や倒産が相次いだ。

このようにドッジの意思は貫徹されたが、一方で、日本経済に特需が発生した。一九五〇年朝鮮動乱が発生したのである。

日本はその特需で外貨を獲得し、一気に日本企業は体力を回復し、高度経済成長の端緒をつかむことができた。日本は軍事物資の調達地となり、兵器修理などの需要が膨らんだ。国民総生産（GNP）は一九五〇（昭和二五）年から三年連続で一〇パーセントを超え、経済はめざましい回復を遂げた。

その間の一九五一年には、アメリカ・サンフランシスコにおいて、平和条約が締結され、日本の戦後に一つの区切りとなった。しかし韓国は動乱中でもあり、日韓両国の国交が回復するのは一九六五年の日韓基本条約の締結まで時を経なければならなかった。

朝鮮戦争勃発後、特需を満喫したのはまず自動車業界である。「ドッジ・ライン」の後遺症で人員削減を迫られるまでに疲弊していたが、戦争が始まると状況は一変。トヨタ、日産、いすゞにはトラックなど軍用車が米軍から大量に発注された。繊維業界では米軍への輸出増に加え、国内需要も伸びて「糸へん景気」となり、一九五一年、日本の綿織物の輸出量は遂に世界第一位へ上り詰めた。中小企業も次々と新規参入し、市場規模も拡大した。さらに鉄鋼、造船業も活況を呈し、重工業部門分野でも確固たる基盤ができた。

こうした国内景気の回復で、労働環境は改善され、新規雇用が生み出され、失業率が低下するとともに給与水準も上昇した。

しかし、こうした朝鮮特需も一九五三年の休戦とともに一巡し、景気は再び下降線をたどったが、日本企業の生産能力や技術力は著しく向上し、一段と競争力がついたのは事実である。その後の一九五五年から「神武景気」と称された空前の好景気へ突入。一九五六年の『経済白書』は「もはや戦後ではない」と高らかに謳った。その後も「岩戸景気」「いざなぎ景気」「列島改造景気」と次々と成長路線は続き、およそ二〇年にも及ぶ高度成長を経て、日本は経済大国の地位を確固たるものにしていくのである。こうした戦後の経済復興にはアメリカの支援があったからこそ可能であったことを忘れてはならない。

戦後の豊かさの反動

戦後のアメリカからの援助は占領期全体では二一億四〇〇〇万ドルにも及んだ。これらの援助に加え、朝鮮動乱の特需もあって、日本は経済復興のきっかけをつかみ、生産力は大きく回復した。ガリオア・エロアを中心とした占領期のアメリカの対日援助に関しては、平和条約締結後、返済問題が生じた。結局、四億九〇〇〇万ドルの支払いで合意された。

およそ四分の一で済んだのである。交渉にあたったのが、当時駐日大使になっていたライシャワーである。自伝で、「もっと押せば多少の上積みは期待できたと思うが、それではせっかくの合意が後味の悪いものになったことだろう」と書いている。印象的なことは、アメリカはこの返済基金の大部分を開発途上国援助に向けたことである。また、二五〇〇万ドルを日米の教育および文化交流活動に用いることになった。対日援助はその返済金もまた、途上国への援助や日米関係の強化のために役立ったのである。

そこで、戦後の日本人をどう思っているか、著名なジャーナリストの見方を紹介しよう。一九六四（昭和三九）年に来日したアメリカの『サタデー・レヴュー』誌編集長のノーマン・カズンズ氏は「魂を失った日本の繁栄」と題する次のような印象記を掲載した。

「東京のもつ爆発的なエネルギーの躍動は、ニューヨークはおろか、ロスアンゼルスにも、西ベルリンにも、世界中どこを探しても見られないものがある。戦後わずかに一〇数年の間に日本は高度の技術をもつ工業国となったが、このような目覚ましい発展にもかかわらず、今日の日本人は精神的、心理的に根無し草のように脆弱である。過去の歴史に全く結びつかず、未来に対しても無関心で、まるで現在だけに酔っている状況であった。このように心の中に空虚を感じながら、多くの日本人はこの真実に気がつかない」

このように、外国の友人に指摘されなければわからないのであるという屈辱を受ける。なぜなら、たとえ占領軍の指令によってとはいえ、大した考慮も払わずに日本人は「愛国」という観念を捨て、歴史を抹殺してしまった。その後に民主主義と社会主義と経済主義と享楽主義とのカクテルを移入したのである。その思想上の混乱こそ、連合国、特に対日政策の立案者たる極東委員会の企図するところであって、その日本弱体化政策に日本国民は踊り狂ったといってよいのではないだろうかという内容である。極めてショッキングな記事であるが、しかし、日本国民の大半は「愛国心」のもとで、国として戦争を長く続けた結果、貧しさに耐え、精神的安らぎと豊かさに飢えていたのも事実であり、いわば戦後その反動ともいえる現象が現れたのである。今や生活至上主義に災いされて精神上でも敗北しつつあった。この敗北こそがほんとうの敗戦であったという人もいる。

ジョン・F・ダレスとサンフランシスコ講和条約

トルーマン大統領のもとで国務長官顧問になったジョン・F・ダレスが対日講和条約締結に情熱を燃やしたのは、第九章の湯浅八郎のところで述べたが、彼の家庭環境、教育体系、キリスト教会、弁護士生活、日本の友人などが大きな影響を及ぼしたのは事実である。

ダレスは「和解の条約」と言われた「対日講和条約」締結に際し、いったい、どんな構想をもっていたかであるが、ダレスは第一次世界大戦直後のヴェルサイユ講和会議にアメリカ代表随員として出席し、見聞した経験をもち、対日講和条約を勝者が敗者に復讐する条約であってはならず、むしろ日本人が世界においてその歴史的名誉を回復する条約をめざしたといえる。

したがってこの条約の基本的性格は独立国として一日も早く日本を自由主義世界に復帰させることである。言うなれば、ダレスは米ソ冷戦の現実を鋭く直視し、「日本は共産圏に渡さない」という信念をいっそ

吉田首相とダレス特使

う固めたのである。もともと、戦前より湯浅八郎など日本の友人から情報を集めていたし、世界史に果した日本人の能力を高く評価したから、講和後日本人はアジア、そして世界の平和の確立のために指導力と影響力とをもち得ると確信していたのである。

日本は独立を回復したなら、その潜在的能力を活用し、アジアの指導的国家になることを期待しながら、当然視したからである。一方で、アジア、そして世界によって歓迎されるか否かはまた別問題であった。つまりソビエト、中華人民共和国、インド、インドネシア、あるいはオーストラリア、ニュージーランド諸国の動向が最大の問題点として浮上したのである。

ところで、ダレスが対日講和条約締結交渉にとりかかったのは、一九五〇（昭和二五）年六月二六日である。この直後、朝鮮動乱が勃発した。ダレスはマッカーサーを説得して日本の再軍備と自由主義体制の確保など新戦略構想を提案する。そしてトルーマン大統領宛に「対日講和条約草案大綱」を提出し、承認を受けた。ダレスはロンドン、マニラ、東京、キャンベラ、ウェリントンの諸国首都を歴訪して対日講和条約「アメリカ案」を説明し、その了解工作を怠らなかった。

また、ダレスはソビエトの国連代表ジャコブ・マリクとも対日講和条約に関して意見交換を行った。トルーマン大統領はダレスの対日講和条約締結交渉の役割を評価し、一九五一年一月、彼を特命全権大使に任命した。

そして、ついに一九五一年九月八日、アメリカ政府の強い支援を受け、ダレスの努力の甲斐あって、サンフランシスコにおいて対日講和条約「日本国との平和条約」および日米安全保障条約が締結された。翌年四月二八日に発効し、日本の独立が回復し、再び国際社会に復帰したが、しかしこの時、国際連合加盟はソビエトの反対で実現を見なかった。

ダレスは政治家としては主に再軍備要求などの強硬な姿勢をとっても、日本経済自立化を配慮して貿易拡大の道を開き、日本をアジアにおける最大の友邦として期待したのである。一方で当時の総理大臣、吉田茂の強い反対を受けながらも日本の再軍備を迫った。その結果、講和条約の前提条件として再軍備を決定、日本政府は警察予備隊（後の自衛隊）を発足させることとなった。

サンフランシスコ平和会議には日本を含む五二カ国が参加した。だがすべての国が調印したわけではない。ソ連・ポーランド・チェコスロヴァキアの三カ国は調印していない。

またインドは会議そのものに参加しなかった（ただし講和条約発効後、自主的に戦争状態の終結を宣告している）。インドネシアは調印したものの批准しなかった。ビルマは不参加で、台湾（国民党政府）は講和条約を締結したが、中国（共産党政府）は参加を認められなかった。

この条約によって日本は政治および経済条項で特別の義務あるいは責任が課せられなかった。また賠償についても日本の弁済能力が不十分なことを認めて、役務賠償や連合諸国による在外資産の管理や処分を明記したものの、連合諸国は条約に特に定めがない限り賠償請求権を放棄すると規定されていた。賠償についてダレス全権は、講和会議の席上、「もし日本に対して巨額の金銭賠償の請求権を要求するならば、日本の通商上の信用が失われ、日本人の労働力を失い悲惨な結果を生む」と弁明している。

領土問題に関してはいくつかの禍根を残した。沖縄などの諸島はアメリカ信託統治下とされたが、千島列島・南樺太に関しては帰属する国家を明記しなかったからである。

また、平和条約が単独講和となったのは、ダレスに要請された「中国共産党政府を承認しないと誓約する吉田書簡」の存在があったためである。

日本人は本当に愛国心を失ったか

自衛のための警察予備隊（後の自衛隊）はできたが、日本人のほとんどは、これを軍隊とは思わなかった。愛国心をもって国を守るなどという意識はなかったのである。

ジャーナリストではないが、日本をよく知るスイスの有名な神学者・エミール・ブルンナー博士は、戦後の一九四五〜一九五五年まで二回にわたって日本に滞在して日本研究に専念したのであるが、帰国にあたって「日本の若い人々のために」という告別の言葉を残した。その中に「戦後の日本人の精神状態には二つの特徴がある。その一つは分裂状態であり、他の一つは空虚状態である。なぜ日本人がこのような憂鬱な精神状態に陥ったかというと、日本人は有史いらいの大敗北の結果、自分の国の歴史と伝統に対する誇りと民族の優秀性に対する信念を失ったからである」という一節がある。

そして、一九七〇年一一月二五日、「三島由紀夫の割腹自殺」が起きた。三島は自ら主宰する「楯の会」のメンバー四人と市ヶ谷の陸上自衛隊駐屯地に押し入った。そして三島は、総監室を占拠し、持ってきた日本刀で増田総監を脅し、縛り上げた。三島は総監室のバルコニーから演説を始めた。「日本は経済的繁栄にうつつを抜かし、精神は空っぽになってしまったのだぞ。君たちわかるか！」。三島由紀夫の死が青天の霹靂であったのと同時に、心ある日本人は国家観念を喪失した昭和元禄的な個人主義者が国土に充満していると感じたのである。三島由紀夫はマッカーサー憲法に不満であり、天皇「人間宣言」に絶望を感じたのである。マッカーサー憲法によれば天皇は象徴であった。精神や理想の凝縮されたもののはずである。それは、いわば神に近いものと言ってもよいだろう。それなのに「人間宣言」を天皇に強制したと三島は解していた。そして「戦争放棄」をうたって、世界最初の新しい憲法だとした。その舌の根の乾かぬうちに自衛隊という名の軍隊をマッカーサーは日本に強制した。アメリカの政治に一貫性がないのは最初からわかっていたが、アメリカの日本破壊に、三島由紀夫が死をもって訴えたのも、根底にこの国家喪失の危機感からではないだろうか。日本では三島文学の愛読者も多く、同情やショックを受けたのは事実ではあるが、世論の多くは冷静であった。三島由紀夫が死をもって訴えたのも、根底にこの国家喪失の世相が背景にあったからではないだろうか。

多くの国民が三島ショックに踊らず、ただひたすら高度経済成長と生活の豊かさを求めていたのである。アメリカに日本の軍事的防衛を依存し、今度は経済大国をめざしたのである。

いずれにしても、当時の日本は、ソ連や中国共産党の影響を受けずに、経済力を養い先進国の仲間入りをすることを選んだのである。

歴史感覚をもって将来を観る

戦後政治で長期に安定政権を作り、宰相として、多くの実績を残した中曽根康弘氏は「政治家としての、一番の基本であり、かつ、他の人にないものは歴史主義、つまり歴史をよく勉強して、そこから体得し、感じ取ったエキスを政治に活かすということではないかと思います。歴史感覚を抜きにした、私の政治は存在しなかったと思いますね。特に明治維新や大正デモクラシー、昭和の動乱および敗戦、そしてマッカーサーの占領政策下における日本の政治の惨状、あるいは情けなさ、といったものから学び、中曽根政治が立ち上がった、と考えていいと思うのです。私は政治家として国政に携わり、特に首相になってから、日本の総理大臣はこの国を背負っている。すなわち外国に対しても、国民に対しても、日本の歴史というものをすべて背負って立つ存在だと考え続けていました」と言っている。（『リーダーの力量』）

さらに過去の日本の歴史をよく知ることは、未来の設計のために欠かせないという蘇峰の信条について、「古今東西に渉る該博な知識と歴史的教訓は、今なお私の血となり肉となって日本人として、又政治家としての大きな支えになっています」（民友二〇九号）と中曽根康弘氏はその忠実な実行者であることを明言した。

中曽根氏に続く次のリーダーが、存在感のある日本にするために、いかに平和を維持し、国を守ることをどう考えるのか、日本人の文化力を養い、人権尊重を基にした愛国心をどう高めるか、それに財政と福祉のバランスなど多くの課題が山積している。それには蘇峰が言ったように、歴史観に基づく時代を見抜く大局観をもったリーダーに期待しよう。

しい。

日米民間団体による交流

日米の友好と協調は国対国の公的レベルだけでなく、民間、個人レベルでも一段と促進させることが望ましい。

日米協会の歴史は古く、創立は第一次世界大戦中の一九一七（大正六）年、日米親善の民間機関として、在京日米両国の有力者によって構想され、設立された。中国大陸での日米両国の利権問題が絡んで日米関係が緊張していた時期であったが、会員たちは民間レベルで日米交流を続けることに意義を感じていた。初代会長には、日本人で初めてハーバード大学を卒業し、アメリカでも民間外交を展開した金子堅太郎であった。日米戦争の期間はもちろん活動を停止せざるを得なかったが、創立者たちの遺志は現在まで受け継がれ、八〇年以上にわたる日米交流事業に多大な貢献を果たしてきた。日本各地に地域日米協会が存在し、全国日米協会連合会加盟協会に加盟している。またアメリカ各地にある日米協会との交流も行い連携して、政治、経済、教育、文化面での日米両国のより良い理解のために、多様性のあるプログラムを企画、運営している。

日米の地域交流として姉妹都市の交流がある。日米で現在、主要都市で三三カ所の姉妹都市が結ばれている。もともとの狙いは、国家間のみならず州や都市のレベルでも交流を活発化することにより、お互いの理解を深め、将来の世界における紛争のリスクを減らそうということにある。このコンセプトは第二次世界大戦後に提唱され、一九五六年、アメリカのアイゼンハワー大統領が提唱、推進した。日本最初の姉妹都市は長崎市とアメリカ・ミネソタ州セントポール市のペアで、ホワイトハウスによる提唱の前年に提携が締結された。

このような民間レベルの草の根親善活動が相互の情報を共有し、これまで以上に成熟した日米関係にすることができる。

同盟国・アメリカは変わった

アメリカは歴史上、民主主義人格の尊厳、良心、自由、平等、自主独立、自治の概念に象徴されるピューリタンの精神が根底にある。独立戦争という大きな犠牲を払ったこともあり、アメリカ合衆国は他国の干渉のない、自治、自立のピューリタン精神を継承し、今まで大陸社会でも成し得なかった最も近代化された、自由主義、民主主義国家を樹立した。

五〇番目に合衆国入りしたハワイ州では、プロテスタントの伝道活動の成功があげられるし、ウィルソン政権の対メキシコ革命外交、トルーマン政権の国連の海外技術援助を支援する「ポイント・フォー」、ケネディ政権の「ニュー・フロンティア」や理想に燃える若者を海外派遣する「平和部隊」、そしてカーター政権の人権政策など民主主義を基盤にしたこれらの外交政策は、一方では、道義主義的外交、人権外交、宣教外交といわれた。

また、ベトナム戦争では国内外に批判が多く、不名誉な結果に終わったが、イラク戦争の大義は、「対テロ戦争」の戦場はアメリカ本土にあるという認識に立って自国の安全の保障とアメリカ建国理念である共和制と自由を守り、世界に認知させることを理念にしている。その背景にはアメリカ的価値観が絶対正しいと考えるアメリカ原理主義があり、ブッシュ前大統領が言う「私たちの大義は、人間の尊厳であり自由である」「アメリカは神に選ばれた国で、歴史的に世界のモデルとなる役割を担っている」と述べていることでも明らかである。

また、一方で、ネオコン（NEOCON）「アメリカ新保守主義」と称される人たちは「アメリカは民主主義を世界に広げることを国家としての目標にすべきで、世界を民主化するためにアメリカの圧倒的な軍事力を活用すべきだ」という主張は、現在は少数派ながら力を温存している。そして、アメリカは自由主義、民主主義の担い手としての強い使命感をもち、文明化・キリスト教化・アメリカ化していくことをよいことだと伝統的に考えている。それは多民族国家として、世界の縮図という認識が強いからである。かつてはアングロサクソン主義を頂点にした差別主義が厳然と存在し、排日移民法の制定などで民主主義を自ら後退させる危機もあったが、アメリカの歴史からピューリタニズムの良識は健在であることを太平洋戦争を経て証明した。アメリカの精神構造には、世界への民主主義を広めようとする、良い意味ではふところの深さ、悪い意味では、おせっかい役すぎるという面があるが、オバマ大統領時代になり、大きな三つの変革の舵をきった。

一、白人優位社会から非白人優位社会へ変革
二、宗教優先から国家優先へ
三、アメリカ卓越から無極化への変革

今やアメリカはさまざまな文化や言葉、人種を共存する国家であり、その多様性こそがアメリカの強さであり、世界の縮図であることをオバマ大統領は説いた。時代とともに民主主義の本質も少しずつ変化し、地球規模での平和と繁栄が望まれる。

日米協調の新たな絆

戦後、日本人の心の中でアメリカからの援助の記憶は非常に大きい。これに対する率直な感謝の気持はアメリカに伝わり、相互に共感をもつに至った。さらに、こうした経験から日米の市民が損得だけでなく価値観を共有するようになったことである。

もともと日本とアメリカとの間は言語、宗教、人種、道徳、慣習、倫理のどれをとっても共通点はなかったのが不思議のようである。本来同じ文化を共有する間柄ではないが、それが両国は驚くほど似た市民社会になりつつあるのである。

しかし、何かのきっかけで日米の考え方の違いが表面に出て、両者に緊張が生ずる恐れもある。戦後でも貿易摩擦がそうである。しかし基本的には自由、民主主義、市場経済、人間の尊厳など共通の基盤がある限り、安定した関係は続くであろう。

日本はソ連や中国共産党の影響を受けずに、経済力を養い先進国の仲間入りをし、日米協調を軸に世界をリードするまでになった。

ただ、国際関係を見る時、アメリカによる紛争解決のウェイトが高く、国連を通じた日本の責任分担は増えるだろう。なぜなら地球規模での平和と繁栄を図るとすれば、当然日本が負うべき国際的な責務があるのである。一部、左翼系の人は、常にアメリカに追従するのは両国関係が対等でないと主張し、むしろ日本はこれからアメリカと一線を画すべきという意見もある。しかしアメリカから離れて、日本の防衛は大丈夫かという根本の日米同盟の意義を考えるべきであろう。日米協調体制に代わるべき日本と国際社会との新たな関係について、まったく展望がないのである。

日本の経済力が高まり、国連を中心にした国際社会での責任が問われ出すと、戦後日本の平和憲法が世界の人々から実感的に理解されなくなった。日本の平和主義が国際社会から見ると異様であり、国際的責任や負担を回避する口実と思われることになったのである。

憲法九条改正が歴史の必然性を増しているといってよいだろう。そして、より対等で健全な日米関係を求めるのなら、日本が自主憲法を制定し、憲法九条と平和的生存権に関連して条項は変更すべきである。日本では憲法九条の解釈について、必要最小限の自衛権と、自衛権を守るために軍事力は必要という解釈が現在の大勢であるが、国際社会に貢献するには憲法上の制約が存在すると解してよい。

問題は内容ばかりでなく、民主主義の重要な要素は、その制定の方法、手続きにある。当時、占領軍当局が英文で起草したものを翻訳してできた憲法であることは明白である。日本人の手によって、憲法前文をもう少し直すところがあるのではないか。前文に手をつけることによって、本当に自分が決めた憲法といえる。

いつまでも、憲法上の制約を口にしているわけにはいかないだろう。抑止力を高めるためには日米が協調した最新兵器の開発も必要である。両国民は離れるどころか、むしろよりいっそう防衛力についても情報と経験を共有する必要がある。日本がアメリカにとって、またアメリカが日本にとって尊敬し、信頼するに足る力を有する時に、最も良好な関係を保つことができる。経済、技術、科学、芸術、文化だけでなく軍事分野において、相互の情報を共有し、これまで以上に成熟した日米関係をめざす必要がある。

あとがき

二〇一一（平成二三）年三月一一日に東北地方を襲った未曾有の大震災とそれに引き続いて起きた福島第一原子力発電所の事故の対応で、日本は戦後最大の歴史の岐路に立たされた。震災直後から日本人の心は一つとなり、「がんばろう！　日本」のもとで勇気を奮い立たせ、再建にたちあがった。六六年前、日本の敗戦時も、日本の国土は焦土化し、それから復興に立ち上がった。戦争と災害とは性格は異なるが、打ちのめされた精神の立て直しは同じである。

本書の一一章で日本人の愛国心について触れたが、まさに大震災における「がんばろう！　日本」は愛国心やナショナリズムがキーワードである。ナショナリズムは国民の一人ひとりが国家に対して帰属意識をもち、愛着や連帯感を覚えることである。その意味で、かつて、大東亜戦争においては、国家を最高の価値あるものとして、愛国心ないしナショナリズムが差別的、排他的に作用したこともあった。しかし今、諸外国から「がんばれ日本！」と励まされ、災害を「日本（人）」として、しっかり受け止め、復興の意気込みと勇気が始動し始めた。世界愛という絆の中でのナショナリズムはよいものだと実感させられる。ジャーナリストで歴史家でもある徳富蘇峰は過去の諸々の「実例」が、現在の現象を観察しているだけでは把握できないような未来を予見し、それが模範あるいは教訓となって、人々をしかるべき実践に向けて誘っていくところに、歴史の本来の意義があると言っている。

戦後、新憲法も発布され、民主主義のもとで基本的人権も復活した。復興のための経済成長の槌音が響き、確固たる日米関係の確立に向け歩みだした。

本書は歴史から学ぶことをねらいに、日米関係に関わった知識人、文化人の貢献を検証した。彼らの摩擦の緩和、衝突回避の努力は報いられなかったが、戦後の両国の友好と協調関係は、戦争の傷を癒すだけでなく、新たな日米友好の絆に結びついた。いわば彼らの尽力は活かされ、その延長線の上に、新たな日米関係が構築されたのである。

個々の詳細は本文で述べたが、八人のうち、戦後以降の生存者はヴォーリズ、グルー、湯浅八郎、ライシャワーの四人である。戦後の関わりを今一度整理してみよう。

四人とも、日米友好と親善のため輝かしい成果を残している。まず、ヴォーリズは戦時中避難していた軽井沢、近衛文麿元首相の密使の突然の訪問を受け、天皇処遇問題で近衛文麿元首相と会談するようGHQに働きかけ、マッカーサーが天皇の会談の道筋をたてるのに貢献した。さらに「天皇の人間宣言」の提言もヴォーリズの私案がスタートといわれている。このようにヴォーリズは、戦後わが国の発展に、多大の影響を及ぼしたといえるだろう。

次にグルーは駐日大使時代、日本での日記をもとに『滞日十年』という本を著した。一九四八（昭和二三）年には日本語版を毎日新聞社より出版した。そしてその印税を一部にしてグルー基金が一九五三年に創設された。そして日本の学生がアメリカで学ぶための奨学金を支給した。

支援を受けた留学生たちは、アメリカでの四年間の大学生活を通じて人間力を養い、グローバルな視野をもってチャレンジする精神が育てられた。日米の良好な関係を維持していくために、不断の努力をもってそのような人材を育成していくために重要な役割を果たしている。

そして、日米友好の証として、一九五三（昭和二八）年に誕生したのが国際基督教大学である。その初代学長の湯浅八郎は、戦時中アメリカに滞在し、日本とアメリカの二つの祖国をもったリベラリストである。滞米中に、戦後の日本の教育問題が議論され、もっと長い目で日米関係や世界の問題を考えると、将来の基礎を固めるためには新しい時代に即応した、国際的なキリスト教主義の大学を創ろうということで、構想が固まっていたのである。

大戦後の国家間の和解と人類愛を求める人々の力強い意思と願いは、日米協力によるキリスト教大学建設事業に対する支援として具体化されたのであった。

四人目のライシャワーは一九六一年四月には駐日アメリカ特命全権大使として東京に赴任し、「日本生まれのアメリカ大使」としてハル夫人とともに日本国民から人気を博した。占領下では、マッカーサーに日本政策の意見具申をするなど、日本の戦後復興に深く関わり、その貢献度は大きく、日米関係の大きな支えであった。

本書に登場した人物に共通しているのは、日米間の懸け橋となるばかりでなく、理念を行動に移して、実行していることである。日米問題を国家間の問題としてだけでなく、個人対個人の相互理解を基点にして、両国の当事者の立場で解決しようとしたところである。

中曽根康弘元総理は、二〇一〇（平成二二）年に出版した『リーダーの力量』の中で「今世紀の、あるいは前世紀から持ち越しになっている日本の一番大きな問題は、大東亜戦争です。あの戦争は、日本にとって過去の総決算であると同時に、未来へのスタートラインという意味も持っている。たまたま政治家という立場で、この時代に遭遇した者として、日本という国をどう考えて動かしていくのか。国を背負っていく以上は、過去の日本をよく知り、また未来に対する筋道を、学問的にも正しい方向で描いていく必要がある」と日本学あるいは日本の歴史というものに対して、非常に強い関心をもち、歴史の重みを重視している。

戦後日本は日米関係を基軸にした、経済大国だけでなく恒久平和を国策としてきたが、ロシアとは依然として平和条約も未締結で、北方四島もそのままである。沖縄の基地問題にも難題を抱えている。隣国の北朝鮮による日本人拉致問題だけでなく、韓国とは従軍慰安婦問題でぎくしゃくしている。さらに最近、尖閣諸島の領有権をめぐって中国との軋轢が発生した。外交問題を単に国家対国家の問題だとかたづけず、二つの国を駆けた本書の登場人物が教えてくれているように、もっと国際間でも民間交流のパイプを太くする必要がある。

アメリカのオバマ大統領がアメリカはさまざまな文化や言葉を共有する国家であり、その多様性こそがアメリカの強さであると説いた。その意味するところは世界の縮図としてのアメリカであり、日本も同盟国として、単に二国間だけでなく、国連などを通じた地球規模での協調と繁栄をめざす取り組みが課せられている。

なお、本文中に、一部に好戦的表現があるが、事実を伝えるために用いたもので、了解願いたい。

最後に、発刊にあたっては大学教育出版の佐藤守社長、編集部の安田愛さんには適切な助言とお骨折りをいただいた。心から感謝の意を表したい。

参考図書・文献

三野昭一『近代日本経営史』文化書房博文社（一九七八）
神島二郎『近代日本思想体系　8』筑摩書房（一九七八）
エドウィン・ライシャワー『ザ・ジャパニーズ』文藝春秋（一九七九）
徳富猪一郎『三十七八年役と外交』民友社（一九二五）
細谷千博ほか『日米関係史1・2・3・4』東京大学出版会（一九七一・一九七二）
五百旗頭真『日米関係史』有斐閣（二〇〇八）
飯野正子『もう一つの日米関係史』有斐閣（二〇〇〇）
奥村房夫『太平洋戦争前夜の日米関係上・下』芙蓉書房出版（一九九五）
渡部昇一『アメリカが畏怖した日本』PHP研究所（二〇一一）
同志社大学アメリカ研究所『同志社アメリカ研究別冊一四』同研究所（一九九五）
増田弘『日米関係史概説』南窓社（一九七七）
藤井賢三郎『評伝渋沢栄一』水曜社（一九九二）
渋沢栄一『雨夜譚』岩波書店（一九八四）
渋沢栄一『論語と算盤』忠誠堂（一九二八）、筑摩書房（現代語訳・二〇一〇）
渋沢栄一『雨夜譚余聞』小学館（一九九八）
渋沢研究会『公益の追及者・渋沢栄一』山川出版社（一九九九）
杉田米行『一九二〇年代の日本と国際関係』春風社（二〇一一）
是澤博昭『青い目の人形と近代日本』世織書房（二〇一〇）

シドニー・ギューリック『日米問題』警醒社書店（一九一五）
川西進・瀧田佳子訳『アメリカ人の日本論』研究社（一九七五）
奥村直彦『ヴォーリズ評伝』港の人・新宿書房（二〇〇五）
平松隆円『メレル・ヴォーリズと一柳満喜子』水曜社（二〇一〇）
奥村直彦『ヴォーリズ評伝』新宿書房（二〇〇五）
沖野岩三郎『吉田悦蔵伝』近江兄弟社（一九四四）
山形政昭『ヴォーリズの西洋館』淡交社（一九七〇）
岩原侑『青い目の近江商人』文芸社（一九九七）
同志社大学人文科学研究所『キリスト教社会問題研究第三〇号』同研究所（一九八二）
同志社大学人文科学研究所『キリスト教社会問題研究第四八号』同研究所（一九九九）
大田雄三『太平洋の橋としての新渡戸稲造』みすず書房（一九八六）
東京女子大学新渡戸稲造研究会『新渡戸稲造研究』春秋社（一九六九）
新渡戸稲造全集編集委員会『新渡戸稲造全集・第三巻』教文館（一九七〇）
新渡戸稲造全集編集委員会『新渡戸稲造全集・第一七巻』教文館（一九八五）
芳賀徹・小林善彦『講座比較文学五・西洋の衝撃と日本』東京大学出版会（一九七三）
斎藤元一『人物日米関係史』成文堂（一九九九）
船山喜久彌『白頭鷲と桜の木』亜紀書房（一九九六）
ジョセフ・C・グルー『滞日十年』毎日新聞社（一九四八）
同志社アメリカ研究所『あるリベラリストの回想』日本ＹＭＣＡ（一九七七）
和田洋一『湯浅八郎』同志社大学生協出版部（一九六五）

武田清子『湯浅八郎と二十世紀』教文館（二〇〇五）
飯沼和正・菅野富夫『高峰譲吉の生涯』朝日新聞社（二〇〇〇）
真鍋繁樹『堂々たる夢』講談社（一九九九）
A・K・ライシャワー博士伝刊行会『エー・ケー・ライシャワー博士伝』教文館（一九六一）
エドウィン・O・ライシャワー『日本・過去と現在』時事通信社（一九六七）
エドウィン・O・ライシャワー・徳岡孝夫訳『ライシャワー自伝』文藝春秋（一九八七）
日本経済新聞社『二〇世紀日本の経済人』日経ビジネス文庫（二〇〇〇）
ハル・松方・ライシャワー『絹と武士』文藝春秋（一九八七）
上坂冬子『ハル・ライシャワー』講談社（一九九九）
細谷千博『日本とアメリカ』ジャパンタイムス（二〇〇一）
入江昭・ロバート・ワンプラー『日米戦後関係史』講談社インターナショナル（二〇〇一）
佐々木隆爾『サンフランシスコ講和』岩波書店（一九八八）
中曽根康弘・梅原猛『リーダーの力量』PHP研究所（二〇一〇）
志村和次郎『西洋文化の鼓動と近代京都』大学教育出版（二〇一一）

（写真提供）
同志社大学歴史資料センター　国立国会図書館　渋沢史料館　毎日新聞社

登場人物の日米関係年表

年（年号）	事項	主な出来事
一八七五（明治八）	渋沢栄一、第一国立銀行頭取に就任。商法講習所創立	五月、千島樺太交換
一八七九（明治一二）		七月、米前大統領グラントが来日
一八八四（明治一七）	新渡戸稲造、ジョンズ・ホプキンス大学留学	
一八八六（明治一九）	高峰譲吉、渋沢の協力で東京人造肥料会社を設立	五月、井上外相、各国に条約改正案を提示
一八八八（明治二一）	シドニー・ギューリック来日	四月、市制・町村制公布
一八八九（明治二二）		二月、大日本帝国憲法発布
一八九〇（明治二三）		一一月、第一帝国議会が開会
一八九一（明治二四）	新渡戸、米国、独での留学を終え、帰国。札幌農学校の教授になる	五月、露国皇太子が大津にて遭難
一八九二（明治二五）	高峰、米国ウイスキー・トラスト社で、高峰式のウイスキー製造実験にも成功	一一月、千島艦事件（千島がイギリス商船と衝突し沈没）
一八九三（明治二六）		一月、ハワイ、クーデターで王政打倒
一八九四（明治二七）	高峰、タカジアスターゼを発明し、特許を得る	八月、清国に宣戦布告 一一月、日米通商航海条約
一八九五（明治二八）		四月、日清講和条約
一八九六（明治二九）	渋沢、第一銀行頭取に再任。日本の財界指導者になる	九月、第二次松方内閣
一八九七（明治三〇）	高峰、デトロイトの医薬品会社パーク・デービス社とタカジアスターゼを商品化	一〇月、新貨幣法による金本位制

一九〇〇（明治三三）	・新渡戸、『武士道』をアメリカで出版。反響を呼ぶ ・高峰、アドレナリンの製法を発明	三月、治安警察法公布
一九〇一（明治三四）		一月、セオドア・ルーズベルト大統領就任 六月、第一次桂内閣
一九〇二（明治三五）	渋沢、経済交流、日米親善のため渡米、ルーズベルト大統領と会見	一月、日英同盟協約調印
一九〇四（明治三七）		二月、日露戦争勃発
一九〇五（明治三八）	高峰、ニューヨークに日本人クラブを創設、初代会長となる	五月、太平洋岸で日本人・朝鮮人、排斥同盟結成 八月、ポーツマス日露講和会議
一九〇六（明治三九）		一〇月、日本人学童隔離事件（サンフランシスコ）
一九〇八（明治四一）	・渋沢、アメリカ太平洋沿岸実業一行を飛鳥山の自邸に招待 ・湯浅八郎、同志社普通学校を卒業し、米国へ留学。イリノイ大学大学院で学位取得	一一月、移民問題で日米紳士協定
一九〇九（明治四二）	渋沢、実業団渡米使節団団長として米国経済界と交流。タフト大統領と会見	一月、ウィリアム・H・タフト大統領就任
一九一〇（明治四三）	・ヴォーリズ、近江八幡で、近江ミッション設立（後の近江兄弟社） ・エドウィン・ライシャワー、明治学院内、宣教師館で生まれる	八月、韓国併合の日韓条約調印
一九一一（明治四四）	・新渡戸、日米交換教授として渡米（米国六大学で講演） ・ギューリック、渋沢と知り合う	二月、日米新通商条約調印 七月、日英同盟改訂 一〇月、辛亥革命始まる

一九一二（明治四五）	渋沢、ニューヨーク日本協会協賛会設立（名誉会長）	七月、明治天皇崩御、大正と改元 三月、ワシントン・ポトマック河畔に桜の木を植樹
一九一三（大正二）	ギューリック、同志社大学を休職し、病気治療で帰国	五月、第一次排日土地法
一九一四（大正三）		七月、第一次世界大戦が勃発
一九一五（大正四）	・渋沢、パナマ運河開通記念博覧会視察と日米親善のため渡米。ウィルソン大統領と会見 ・ギューリック、再来日『日米問題』発刊	一月、対華二一カ条要求
一九一六（大正五）	渋沢、日米関係委員会発足。常務委員となる	
一九一七（大正六）	高峰、「理化学研究所」の創設	一一月、日米、対中国公文公刊（石井・ランシング協定） 一一月、ロシア革命
一九一八（大正七）		一一月、第一次世界大戦の休戦協定
一九一九（大正八）	・新渡戸、国際連盟事務次長に就任 ・ヴォーリズ、子爵・一柳末徳の三女、満喜子と結婚	一月、ウッドロー・ウィルソン大統領就任 一月、パリ講和会議 六月、ベルサイユ平和条約調印
一九二〇（大正九）	・新渡戸、国際連盟事務次長に就任 ・ヴォーリズ建築事務所と近江セールズ株式会社を設立。メンソレータムの輸入販売を開始	三月、日本政府、米国での写真結婚を廃止 一一月、カリフォルニア州で排日土地法が成立
一九二一（大正一〇）	・渋沢、帰一協会設立 ・渋沢、ワシントン軍縮会議視察・排日問題善後策のため渡米。ハーディング大統領と会見	一月、ウォーレン・ハーディング大統領就任 一二月、ワシントン海軍軍縮会議

一九二二（大正一一）	ギューリック来日、渋沢との信頼関係深める	一二月、ソビエト社会主義共和国連邦成立
一九二三（大正一二）	世界児童親善会設立	一月、カルビン・クーリッジ大統領就任 九月、関東大震災
一九二四（大正一三）	渋沢、太平洋問題調査会、評議委員会会長となる	五月、米国で排日移民法が成立 （連邦法・移民の全面禁止）
一九二六（大正一五）	ギューリックから、渋沢栄一に書簡（青い目の人形贈呈の件） 親善人形（八〇〇〇個）が到着	
一九二七（昭和二）	・渋沢、日本国際児童親善会の会長となり、返礼として市松人形を米国へ送る。（一二月、シカゴ到着） ・ライシャワー、アメリカのオーバリン大学、ハーバード大学大学院で学ぶ	三月、南京事件
一九二九（昭和四）	新渡戸、太平洋問題調査会理事長になり、第三回太平洋会議議長	一月、ハーバート・フーヴァー大統領就任 一〇月、世界恐慌始まる
一九三一（昭和六）		九月、満州事変勃発
一九三二（昭和七）	ジョセフ・グルー、駐日米国大使として着任	三月、満州国建国宣言
一九三三（昭和八）	新渡戸、カナダのバンフでの太平洋会議に出席し、平和を訴えて演説	一月、フランクリン・D・ルーズベルト大統領就任 三月、国際連盟脱退
一九三五（昭和一〇）	・湯浅、第一〇代同志社総長に就任するも、軍部の弾圧で辞任し、マドラス会議に出席後、渡米。 ・ライシャワー、東京大学、京都大学の外国人特別研究生となる	二月、美濃部達吉「天皇機関説」著書発禁となる

一九三六（昭和一一）		二月、二・二六事件発生
一九三七（昭和一二）	グルー、広田外相とパネー号事件を処理	七月、盧溝橋事件、支那事変始まる 一二月、南京占領「パネー号」事件
一九三八（昭和一三）	ライシャワー、ハーバード大学燕京研究所へ戻る	四月、国家総動員法公布
一九三九（昭和一四）		九月、第二次世界大戦
一九四〇（昭和一五）		九月、日独伊三国同盟調印
一九四一（昭和一六）	・グルー「近衛・ルーズベルト会談」を策するが不調に終わる ・ライシャワー、国務省勤務となる	一二月、真珠湾攻撃。米英に宣戦布告（太平洋戦争開始）
一九四二（昭和一七）	ライシャワー、ハーバード大学で日本語の翻訳と暗号解読の学校を開く	六月、ミッドウェー海戦
一九四四（昭和一九）	グルー、米国国務次官に就任し、早期戦争終結の努力	三月、インパール作戦 六月、マリアナ沖海戦 七月、東條内閣総辞職
一九四五（昭和二〇）	・ヴォーリズ、マッカーサー元帥と近衛文麿元首相との会談実現のために活躍 ・ライシャワー、国務省の外交諮問委員会の極東小委員会の委員 ・湯浅、ニューヨークで「故国救援会」を組織。（ララ救援活動の先陣をきる）	一月、ハリー・トルーマン大統領就任 七月、ポツダム宣言 八月、ソ連、日本に宣戦布告 八月、ポツダム宣言受諾 九月、降伏文書に調印
一九四六（昭和二一）	・ライシャワー、ハーバード大学に戻り、極東学会の副会長、会長 ・湯浅、ララ救援活動を軌道に乗せ、帰国	一月、天皇人間宣言 五月、極東軍事裁判開廷

一九四七（昭和二二）	・ヴォーリズ、昭和天皇に京都・大宮御所で拝謁。ねぎらいの言葉を受ける ・湯浅、第一二代同志社総長に復帰する	五月、日本国憲法施行
一九四八（昭和二三）	グルー『滞日十年』を刊行	一一月、極東軍事裁判で戦犯二五に有罪判決
一九五〇（昭和二五）	湯浅、国際基督教大学初代学長に就任	四月、ダレス対日講和担当公使となる 六月、朝鮮戦争が勃発
一九五一（昭和二六）	トルーマン大統領特使としてダレス来日。（湯浅と再会）	九月、サンフランシスコ講和会議。日米安全保障条約調印
一九五三（昭和二八）	・国際基督教大学（ＩＣＵ）開校 ・米への大学留学資金「グルー基金」創設される	一月、ドワイト・アイゼンハワー大統領就任 七月、朝鮮休戦協定調印
一九五六（昭和三一）	・ライシャワー、松方ハルと再婚。ハーバード大学燕京研究所所長 ・ヴォーリズ、日米修好通商百周年に功労者として顕彰を受ける	一二月、日ソ国交回復
一九六〇（昭和三五）		一月、日米新安保条約 日米行政協定
一九六一（昭和三六）	ライシャワー、駐日大使となり、着任	一月、ジョン・Ｆ・ケネディ大統領就任

■著者略歴

志村　和次郎（しむら　かずじろう）

ノンフィクション作家・歴史研究家

群馬県に生まれる。1961年、同志社大学法学部卒業。大手自動車メーカーの管理職、子会社役員を歴任。経営コンサルタント（中小企業診断士）として独立。中小企業大学校の講師、ＩＴ企業、ベンチャー企業の社長、役員を経て、起業支援団体・ニュービジネス機構の代表理事。「明治史の研究」で文筆活動に入る。明治の事業家研究では定評がある。日本ベンチャー学会正会員。

著書は『最新事業戦略と事業計画の立て方がよくわかる本』（秀和システム）『マーケティング数字の読み方と活用術』（同友館）『売掛債権資金化の新型資金調達法』（中央経済社）『ヤマハの企業文化とＣＳＲ』（産経新聞出版）『創造と変化に挑んだ６人の創業者』（日刊工業新聞社）『徳富蘇峰が観た三人の校祖』『西洋文化の鼓動と近代京都』（大学教育出版）『富豪への道と美術コレクション』（ゆまに書房）など。

誇り高き賢人たち

—もう一つの日米関係史—

2013年３月10日　初版第１刷発行

■著　　者—— 志村和次郎
■発 行 者—— 佐藤　守
■発 行 所—— 株式会社 大学教育出版
〒700-0953　岡山市南区西市855-4
電話（086）244-1268㈹　FAX（086）246-0294
■印刷製本—— モリモト印刷㈱
■Ｄ Ｔ Ｐ—— 難波田見子

ISBN978-4-86429-193-4